教师手册

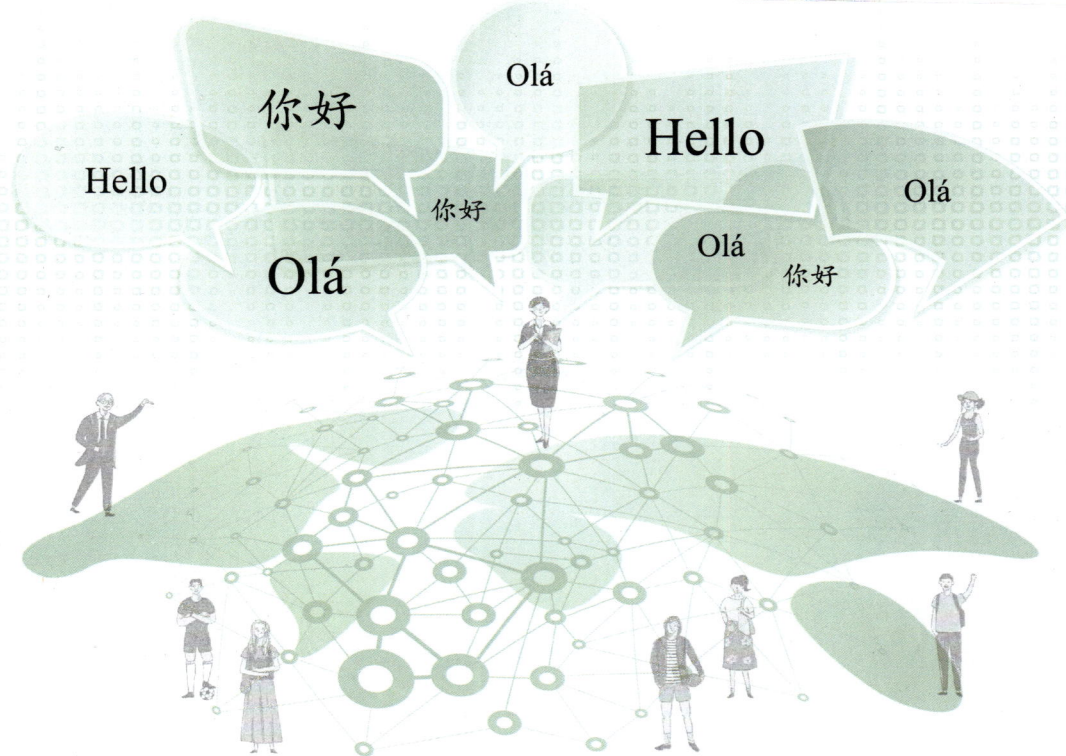

国际汉语教程
國際漢語教程

初级篇 上册

Manual de Chinês Língua Não Materna

A Course in International Chinese

李向玉 主编

主　　編：李向玉
副 主 編：崔明芬（常務副主編）
　　　　　LUCIANO SANTOS RODRIGUES DE ALMEIDA
　　　　　韓麗麗
　　　　　林子予
編　　者：杜志軍　臧　清　李立成　李肖婷　甘宗銘
中文審訂：崔明芬
葡文審訂：韓麗麗
英文審訂：林子予

目 录

前　导 / 1

第一课　你好！/ 17

第二课　你叫什么名字？/ 27

第三课　你家有几口人？/ 39

第四课　那是谁？/ 51

单元练习一（第 1~4 课）参考答案 / 64

第五课　你打算做什么工作？/ 73

第六课　你喜欢踢足球吗？/ 83

第七课　下周六是几号？/ 93

第八课　澳门文化中心在哪儿？/ 105

单元练习二（第 5~8 课）参考答案 / 118

第九课　澳门的天气怎么样？/ 123

第十课　你哪儿不舒服？/ 133

第十一课　苹果多少钱一斤？/ 143

第十二课　你最好办一张银行卡 / 153

单元练习三（第 9~12 课）参考答案 / 161

普通话声韵调配合表 / 165

参考书目 / 171

扫码下载期末考试
试题及答案

前 导

《国际汉语教程·初级篇》分上、下两册，对应一年级的第一、二两个学期。上下册均为十二课，每一课的课文都以功能项目为纲，兼顾语言结构的讲解与训练。上册和下册的设计课时都是一个学期（15周），90课时（每周6课时），教师亦可根据本校授课时数做适当调整。每册均包括课本、练习册和教师手册。课本上册和练习册上册适用于没有汉语基础的零起点学习者，下册适用于已完成上册的学习并达到《国际汉语教学通用课程大纲》（2014年修订版）"一级目标及内容"、"二级目标及内容"相关要求的学习者，基本教学目标是在语言技能、语言知识、语言交际策略、文化能力四个方面达到该大纲"三级目标及内容"和部分"四级目标及内容"的要求。

教师手册与课本、练习册配套使用，旨在为教师（特别是新教师）提供教学建议、练习参考答案及必要的教学素材和补充知识，以节省教师的备课时间，帮助教师更好地理解教材、更有效和有针对性地组织课堂教学。《国际汉语教程·初级篇》上册教师手册每课内容包括：一、教学目的与教学重点；二、关于教学步骤的建议；三、"词句解释"与"语法"的补充材料；四、"语音知识"的补充材料；五、"汉字知识"与汉字认写；六、"中华文化知识"补充材料；七、"练习"参考答案。本《前导》，对教材使用和课堂教学进行总体介绍说明。

一、关于语音教学

语音教学是零起点汉语教学的重中之重。只有打下良好的汉语语音基础，学生才能行稳致远，真正学会、学好汉语。因此在初级阶段的开始，要特别强调听和说的教学，强调汉语语音的扎实训练。尤其是在没有听力、口语等分技能课配合的情况下，综合课要担负起语音教学的主要任务。读和写的教学，在初级阶段开始时，应作为听和说的辅助。等到学生基本掌握汉语语音后，再开始注重听说读写的同步发展。具体到语音教学，提出三点建议：

（一）注重语音的系统性，在系统语音知识背景下进行具体语音的学习和操练。

相对其他语言特别是西方语言来说，汉语的语音系统属于比较容易学习和掌握的，除了少数变调、变音现象外，实词、虚词在句子中不需要改变语音，也就是没有西方语言普遍存在的曲折变化现象。汉语没有复辅音，音节界限比较明显，而且音节数目有限，也是比较容易学习的原因之一。对于西方语言背景的学生来说，汉语语音中最难学习和掌握的是声调和个别不对应的音素。

我们建议教师在开始教学的时候，首先向学生介绍汉语语音的概貌，也就是上册第一课语音部分的主要内容，并且在后续的教学中始终注意在系统性背景下进行具体语音的学习和操练。让学生知道汉语普通话有21个声母、39个韵母和4个声调，可以组成400余个不带声调的音节及1200余个带调音节。课本第八课附有四个声韵拼合表，分别按四呼列出了所有带调音节的拼音。本手册最后附有以汉字为内容的音节表。当学生意识到具体语音成分在整个语音体系中的位置时，可以做到心中有数，并逐步建立成就感，同时也便于随时跟其他相关部分进行对比，更加准确地掌握汉语语音知识。

有一点需要说明，课本各课语音知识的编排并不是根据各课出现的语音要素顺序编排的。有的课介绍的语音知识在该课及其前并没有出现对应的语音现象；有的课文中出现的语音现象并没有在当课的语音知识中进行讲解。这就更需要任课教师提前向学生整体介绍汉语语音的全貌，并针对当课教学内容中的语音要素进行重点训练。

（二）突出汉语语音的重点和难点，在汉外语音对比中让学生学到重点，突破难点。

各种语言的语音都是人类发音器官发出的，总体来说，大同小异。教学中对于"大同"的部分，不需要花费太多的时间和精力；教学的重点应该放在"小异"的部分。

"小异"的部分一般可以通过两种语言的音系对比进行预测，同时也要在教学实践中观察总结，针对具体情况采取相应对策。下面从葡汉音系对比方面简单提示一些重点和难点，以便任课教师心中有数，适时解决教学过程中学生可能出现的语音问题。

1. 声母方面：

（1）葡语塞音声母是声带颤动与否（浊音和清音）的区别，汉语塞音声母是送气强弱（送气音和不送气音）的区别。葡语背景的学生看到汉语拼音中的b、d、g，容易把它们读成浊音[b][d][g]，而把汉语拼音中强送气的p、t、k发成不送气清音[p][t][k]。例如：把"啪"读成"巴"，把"他"读成"哒"，把"咖"读成"旮"。因此，教师在教学中应提醒学生，送气音一定要发到位，要带有强烈的气流，可以通过吹纸条、吹蜡烛示意送气等方式让学生体会到汉语送气音的特点。

（2）由于葡语中h是不发音的，葡语背景的学生在读带有声母h的汉语音节时经常忽略h[x]，例如：把"婚"读成"温"，把"好"读成"袄"。另外，西方语言如英语中h的发音比较靠后，是喉音[h]，汉语声母h的实际音值是舌面后音或者舌根音[x]，摩擦点比[h]要靠前一点。了解这一点，也有助于掌握汉语声母h[x]的正确发音。

（3）葡语中的r字母代表的是一个小舌浊擦音或齿龈颤音，葡语背景的学生容易将汉语声母r读成颤音，或者读成非常模糊的近似声母l的音。汉语声母r的摩擦成阻位置比小舌音要靠前一点，从发音方法上来说，是声带颤动的浊擦音，不是舌头颤动的颤音。汉语声母 r 和边音 l 也有明显的区别，需要在对比中体会它们的区别。

（4）汉语中的三组塞擦音音色近似，发音部位不易掌握。这三组声母不只是对外国人来说有一定难度，即使是对中国一些方言区的人来说也是比较难的。对外语母语者来说，带有舌面音 j、q、x，舌尖后（翘舌）音 zh、ch、sh 和舌尖前（平舌）音 z、c、s 的音节单独发音时很难辨别，在词语和语句中相对容易一些。葡语辅音中没有塞擦音辅音，葡语中字母 z、j、ch 都是代表擦音。在发音部位上，葡语没有舌面音 j[tɕ]、q[tɕʰ]、x[ɕ] 和舌尖后（翘舌）音 zh[tʂ]、ch[tʂʰ]、sh[ʂ] 这两组音，只有舌叶音，因此葡语背景的学生很难准确区分这三组声母。教师可以告诉学生，很多中国人也不能完全区分这三组声母，在一定的上下文中，在声调正确的情况下，中国人对这三组声母的发音和理解有一定的宽容度。但是为了获得更好的语音面貌，还是要努力掌握好这三组声母的发音。

2. 韵母方面：

（1）在读单元音韵母时，由于葡汉两种语言元音字母代表的实际音值不完全一样，也由于两种语言实际发音中某些元音缺少或不对应，常常出现的问题有：①葡语没有后低元音 [ɑ]，葡语背景的学生发不好带有后低元音 a[ɑ] 的音节；②葡语中字母 o 有时发 [ɔ]，有时发 [o]，葡语背景的学生在发汉语韵母 o 时容易出现开口度过大的问题；③由于汉语拼音设计上 e 字母代表多个不同的元音，学生容易把汉语拼音的 e 全部发成央元音 [ə]；④由于汉语拼音设计上 i 字母代表多个不同的元音，学生容易把 zi、ci、si、zhi、chi、shi、ri 中的 i 发成前高舌面元音 [i]，不会发舌尖音 -i[ɿ]、-i[ʅ]；⑤由于葡语中没有前高圆唇舌面元音 [y]，韵母 ü 的发音常常不准确，唇形圆展把握不到位，易发成接近于前高舌面不圆唇元音 i[i] 的音。

（2）在发复元音韵母时，把复元音韵母读成一个单元音，如把 uo 直接读成 o；与其他音素组成的韵母发音不够清晰，例如 üe[yɛ] 常被发成 ie[iɛ]。

（3）由于葡语前鼻音 n 和后鼻音 ng 不是对立的音位，区别不太重要，因此葡语背景的学生在发汉语鼻音韵母时，常常将后鼻韵母发成前鼻韵母，导致 ang 和 an、eng 和 en、ing 和 in 的发音不分。

3. 声调方面：

声调始终是西方学生学习汉语语音的最大难点，洋腔洋调现象主要表现在声调错误方面。因为葡语中没有声调，开始学习汉语时葡语背景的学生很难准确掌握四声的区别。汉语声调是音高的高低升降的区别。教师在教学中要抓住四个声调的区别性特征：第一声的高，第二声的升，第三声的低，第四声的降。这里特别强调一下第三声的低。一般教材上都说第三声是降升调，调值是 214。开始声调教学时，很多老师都是教学生发一个完整饱满的第三声，但是等到学习双音节词语时，遇到带有第三声的词语却往往发不准声调。原因是第三声很少有机会发一个完整饱满的曲折降升调 214，常见的变体是在第一声、第二声和第四声之前的半上声，是一个低降调211，有时是在第三声之前的一个升调，跟第二声类似。如果开始教学生学习第三声时，直接教半上声211，也就是教一个"低调"，后面学生学习双音节词读音时出现的错误会减少许多。

除了高低的区别，还有平声和升降方面的差异。第一声的调值是平调55，很多学生会发成类似降调的54或53，产生第一声和第四声混淆的情况。

（三）清楚了解《汉语拼音方案》的内部差异，提醒学生注意同一个字母的不同读音，避免掉入陷阱。

《汉语拼音方案》不仅是中国的国家标准，也是国际标准。1982年国际标准化组织将《汉语拼音方案》作为中文文献罗马字母拼写的国际标准。学习汉语语音必须借助《汉语拼音方案》这个工具。但是，由于26个罗马（拉丁）字母在不同语言中代表的实际音值不尽相同，使用罗马字母书写自己母语的人或多或少都会受到自己母语中字母读音的影响，不能正确、准确掌握汉语拼音，给学习汉语带来一些干扰。另外，《汉语拼音方案》存在着一个字母代表多个读音的现象，还有为了书写简便而省略某些符号的现象（实际上增加了一个字母代表多个读音的现象），这些都给初学者带来一定的困难。希望教师充分了解这些情况，在教学中清楚地指导学生正确发音。需要特别注意的地方主要有下面几点：

1. 字母i代表三个或者四个不同的读音。在z、c、s之后，读音是舌尖前元音[ɿ]；在zh、ch、sh、r之后，读音是舌尖后元音[ʅ]；在其他声母之后，读音是舌面前高不圆唇元音[i]；在复元音韵母ai、ei韵尾的位置，读音是比[i]略低一点的[ɪ]。

2. 字母e代表四个不同的读音。单独构成音节或单独做韵母时，读音是[ɤ]；在复元音韵母ei中，读音是前半高不圆唇舌面元音[e]；在鼻音韵母en、eng中，读音是央中舌面不圆唇元音[ə]，在zhe（着）、le（了）等轻声音节中也读[ə]；在复元音韵母ie、üe中，读音是前半低不圆唇舌面元音[ɛ]，这个读音与前面几个读音差距较大，要特别注意。

3. 字母u代表两个不同的读音。在大多数情况下，字母u的读音是后高圆唇舌面元音[u]；但是在j、q、x三个声母之后和yu的组合中，读音是[y]。因为j、q、x三个声母不与u[u]韵母相拼，只与ü[y]韵母相拼，因此ü[y]上两点省略掉了，导致u字母代表了ü[y]的读音。葡语中恰好没有[y]元音，因此"chuqu（出去）"这类发音就成为葡语背景学生的难点了。

4. 字母o可以代表两个不同但近似的读音。在单独成为音节或单独做韵母时，读音是后半高圆唇舌面元音[o]；在复元音韵母ao中，实际读音是后高圆唇舌面元音[u]。

类似现象还有一些，教师可以参考汉语拼音和国际音标对照表，仔细了解一下汉语拼音字母的实际音值，准确进行教学指导和操练，敏锐地发现并纠正学生的发音缺陷。本教材在语音部分遇到字母和实际发音产生混淆的情况下，使用国际音标符号加以说明。国际音标符号都放在[ ]中。

二、关于汉字教学

汉字作为人类语言中一种最为独特的书写体系，对外国人有着巨大的吸引力。因为汉字的关系，很多外国人怀着浓厚的兴趣和期待开始挑战汉语学习。然而当他们真正开始学习汉语的时候就会发现，用拼音学习汉语还容易一些，接触汉字之后就会觉得困难，产生厌学情绪，甚至无果而终。

外国人学汉语面对汉字感到困难，其根源在于汉字本身的几个"难"：难读、难写、难认、难记、难查。对于使用拼音文字的外国人来说，汉字是一种完全陌生的符号系统，要掌握它实属不易，非下苦功夫不可。否则就会把"听说领先"变成"听说即止"，将汉字的"读写"弃之不学。可以说，汉字是对外汉语教学的最大瓶颈，成为决定学生能否进入中高级阶段学习的关键因素。

汉字的数量很多，多到很难计量出准确的数字。东汉的《说文解字》收字 9353 个，宋代《集韵》号称收字 53525 个，清代《康熙字典》收字 47035 个，当代的《汉语大字典》收字 60370 个。1994 年《中华字海》收字 85568 个。尽管汉字存量巨大，但是经常使用的常用字并没有这么多。1988 年中国国家语委、国家教委发布了《现代汉语常用字表》，其中包括"常用字"2500 个，"次常用字"1000 个，共 3500 个。就阅读一般的汉语书报刊而言，这 3500 个常用字就大体够用了。例如老舍的《骆驼祥子》（10 万字版本）用字 2413 个，《毛泽东选集》四卷全书 659928 字，只用了 2981 个不同的汉字。最高频 1000 字的覆盖率是 90%，以后每增加 1400 字提高覆盖率 1%。《国际汉语教学通用课程大纲》（2014 年修订版）要求学习的六级汉字总数为 2500 字，这些字可以覆盖大部分现代汉语普通书面文献。各个级别的汉字分布如下：

级别	汉字数量	累计数量
一级	150	150
二级	150	300
三级	300	600
四级	400	1000
五级	500	1500
六级	1000	2500

《国际汉语教程·初级篇》上册用字覆盖了一、二级字，生字数大约 400 余字。下册用字覆盖了三、四级字，累计用字不超过 1000 字。如果把这 1000 个汉字分配到第一学年全年来看，平均每天只需要学会三个汉字。从这个角度来说，汉字学习也并不是那么可怕。

帮助学生克服畏难情绪之后，教师还要采用科学的方法，提出合理的要求，循序渐进，积少成多，顺利突破汉字学习的瓶颈。下面提出几点关于初级阶段汉字教学方面的建议，供教师参考。

1. 听说领先，读写跟上。

零起点教学起步阶段，教师要树立正确的语言观。语言是交际工具，具有交际功能的听说技能是第一性的。起步阶段的首要任务是要帮助学生培养在汉语社会中使用汉语的生存和生活能力。要充分利用汉语拼音这个工具，帮助学生准确掌握汉语语音系统，尽快习得初级汉语口语，使学生能够在中国社会生活中使用汉语满足基本的生活需要和学习需要。对于"读写跟上"的要求，教师可以灵活掌握，怎么跟上，要求多高，要根据学生的实际情况和教学目标要求而定。如果学生不是四年制本科生，要求可以低一点；本科生要一直学习到高级阶段，可以要求高一点。

2. 多认少写，夯实基础。

刚刚接触汉字的初期阶段学生要把汉字写好，不是一件容易的事情，教师要有耐心，采取正确的方法，帮助学生逐步掌握汉字书写的正确方法，切不可操之过急，急于求成，导致学生形成自由"画字"的不良习惯，既写不好，又写不快，而且难于纠正。

课本和教师手册中要求学生掌握每一课所学的汉字，这是综合课教材编写要求决定的。一套教材要兼顾语音、汉字、词汇、语法、功能、话题、文化等各个方面，而这些方面都有各自的系统，很难融于一体。考虑了语法的系统性，可能就忽略了功能的系统性；同样的，注意了词汇的系统性，可能就会忽略汉字的系统性。这是对外汉语教材编写和教学实践的老大难问题，没有很好的解决办法，只能依靠任课教师根据具体情况灵活处理。初级阶段教材通常以生活话题为线索编撰，第一课就会出现比较难的汉字，比如"您"、"谢"等，要让初次接触汉字的学生写好这些汉字，非常困难。

比较合理的做法是"少写多认"，这些比较难的汉字不必要求学生学完第一课就会写，但是可以要求学生能认识，教师可以采取各种方法帮助学生把这些字的语音、语义和字形建立起联系，比如根据拼音选出有关的汉字词语，根据听到的语音选出对应的汉字词语，给汉字词语写出拼音，等等。

写哪些汉字？在起步阶段，对于那些笔画数目少、能够反映基本笔顺规则的独体字，要经常进行练习和测验，并且在笔顺、笔形方面严格要求，一笔不苟，帮助学生养成良好的书写习惯。在正确书写独体字的基础上，进一步指导学生把合体字写成一个紧凑的汉字，建立方块字的美感。有一些学生学了几年汉语仍然不能做到一字一格地进行书写，有的把一个字拆成两个，有的把两个字挤成一个，这样的学生很难在汉语学习中感受到汉字的美感和书写的快感，自然也就很难学好汉语。

简单地说，就是教师在教学生学习汉语时，初期让他们结合汉语口语尽量多地认识汉字，从书写简单的独体字逐步过渡到书写复杂的合体字，到最后认写合流，做到听说读写能力同步发展。

3. 适度分析,建立字感。

汉字构造具有自身的规则和含义,了解有关知识可以帮助学生尽快建立汉字的字感,正确分析和书写汉字。初期的汉字教学可以经常对比那些相同或者相似但略有不同的构字部件,让学生形成对汉字字形差异的敏感;等到学生学习的字量达到数百字之后,可以结合汉字的语义适度进行造字法的分析。之所以说要"适度"进行造字法的分析,是因为大部分汉字是起源于几千年前的古代,造字的理据已经时过境迁不易理解;三千年来字形、字体变化较大,包括简化字,原来的造字理据已经消失不见,没法解释;有些字的造字理据甚至是建立在古人蒙昧错误认识的基础上的,例如"心之官则思"、女字旁的一些带贬义的字,现在已不可接受。如果教师"过度"地强调汉字的造字理据,会给自己带来很多解释不清的麻烦,也容易误导学生。

现代常用汉字绝大部分是形声字,但是声旁的表音功能只有不到40%,大部分字不能准确表音。因此,现代汉字中代表形义、声音的部分只能给人一个有关意义和语音的模糊提示,不能准确传递信息,准确的信息需要通过语句中词语、短语的语音来传递,汉字只是代表这些语音的书写符号。

这里特别要提一下"俗字源"的问题。由于汉字中表意成分的存在,长期以来,中国人倾向于把字的所有构成部分都看成是表意部件,发展到极端的就是"测字算命"。日常生活中也会遇到"拆字达意"的现象,例如企业家说到人才重要时会说:"一个企业,如果没有'人'就会停'止'发展。"中国的小学语文老师帮助小学生记忆汉字时也会编出很多类似的说法,还有字谜。这些都可以看作"俗字源"现象。这种现象古已有之,许慎的"一贯三为王",《左传》的"止戈为武",王安石的"水之皮为波"等,皆属此类。在对外汉语教学中,教师也可以采用这种方法帮助学生学习和记忆汉字,但是要向学生明确说明这只是"俗字源",是一种变通的学习方式,不是真正的"字源",以免误人子弟,贻笑大方。

如果教师能够给学生提供正确的字源,并且能够与课文中的现代字义建立联系,这样的做法对于理解字义、识记字形有一定的用处,是值得鼓励的。汉字起源很早,有些字的字源已经无从考究,至今众说纷纭。因此,不是每个字都能找到真正的字源,不过,大部分汉字的字源有公认的说法。关于字源知识,首先需要参考《说文解字》,尽管这部书里有很多错误说解,但它仍然是理解古代汉字的基础。现代人编写的关于字源的书籍比较多,可根据情况选作参考,还有不少网络字典也可择优使用。

三、关于各课的课堂教学

初级篇上册的主要教学内容包括:汉语语音系统、400个常用汉字和12课对话课文的词语、句子;下册的主要教学内容包括:600个常用汉字和12课对话课文及记叙体短文。初级篇基本覆盖了《国际汉语教学通用课程大纲》四级以下的所有语法点和词语。从语言形式上来看,初级篇上册是以对话和单句为主,下册则是从对话向短文过渡、从单句向语篇转换。下面按照综合课的传统教学模式介绍上册教学的一些注意事项,供教师参考。

初级篇上册的课堂教学任务中有两个相对独立的教学内容:语音和汉字,需要单独安排教学时段。假设一个学期有15周,用于教学的时间是14周,每周有6个小时的课堂教学时间,那么在前7周中,语音教学每周应该占用3小时,后7周可以降为2小时。汉字教学每周可以用1小时的时间。其他时间留给课文教学。教师可以根据自己学校的教学安排和学生的实际情况进行调整。

(一)关于语音系统的教学

上册前十课对汉语语音的基础知识做了系统的介绍,包括语音系统概貌、声母、韵母、声调、音节、连读变调、轻声、句子重音等。每课生词和句子并没有按照该课语音知识的顺序出现,例如第一课的"你好!"就涉及上声的连读变调,但是上声连读变调知识是在第三课才出现的。第一课的语音知识只涉及 b、p、m、f 四个声母和 a、o、e、i、u、ü 等单元音韵母,但是课文生词和句子中已经出现了其他声母和复元音韵母。因此,教师首先需要对汉语语音系统有一个全面的了解,然后根据每课的重点,有条不紊地把汉语语音系统的内容讲授完,与此同时,让学生得到充分的训练,熟练掌握汉语的语音系统。

语音部分的课堂教学可以按照以下步骤进行:

1. 热身活动:教师可以从相关网站上选择适合的语音教学视频播放,等到学生们都进入教室后,可以暂停视频,通过跟学生打招呼、问候等方式,把学生们的积极性调动起来,使他们进入到课堂学习的状态中。

2. 呈现新知:通过PPT、板书或者闪卡等方式向学生呈现当天的语音教学内容,并通过亲自示范、播放视频和录音等方式让学生初步接触到这些新知识。

3. 操练新知:这是语音教学最重要的部分。

操练形式可以采取教师领读、全班跟读、随机指定学生朗读、指定学生随机指读、依次接龙朗读、两人一组小声练习、教师巡回指导等多种方式进行,做到紧张有序、劳逸结合、气氛活跃,目的是让全班学生都得到充分的训练,熟练习得正确的语音技能。

语音操练的素材可以使用本教材练习册中的练习。不过练习册中的练习数量有限,不一定能够满足课堂教学和学生的实际需求,教师应根据实际情况补充语音操练素材。

早期语音内容的操练可以采用不关联语义的纯语音模式训练为主,随着掌握词语、句子数量的增加,有意义的语音训练要逐步增加。例如早期声调的操练,可以利用最早学习的 ba、pa、ma、fa 来练习四声以及四声的组合。在掌握了四声音高发音基本要领的基础上,可以练习 bā bá bǎ bà(1234)、má mǎ mà mā(2341)、pǎ pà pā pá(3412)、 fā fǎ fá fà（1423）等四声组合。双音节模式的声调组合训练最为重要，因为汉语中大部分词语是双音节的，因此双音节声调组合的训练应该贯穿语音教学的始终。早期阶段可以利用刚刚学过的声韵组合反复进行不关联语义的纯语音模式训练：11-12-13-14、21-22-23-24、31-32-（33）-34、41-42-43-44。学习了轻声之后，再加上15-25-35-45（5代表轻声）的模式操练。无意义的语音模式训练比较枯燥，但是设计简单、运用灵活，对于学生感知和熟悉汉语语音非常有效。如果学生能做到看见汉语拼音音节组合就能脱口而出地正确拼读，那么语音操练的目的就达到了。上册语音学习到中后期阶段时，要逐步增加关联语义的语音练习，教师可以把学过的词语按照不同的语音特征类别加以归类，有针对性地反复操练。还是以声调组合为例，可以把相同声调组合的词语放在一起进行有意义的操练。例如可以把学过的三声和四声组合的词语放在一起进行朗读训练：比较、比赛、感冒、港币、好像、讲座、脸色、马路、暖气、跑步、请问、网购。这样，学生就会直接感受到声调组合练习的实际用处。其他语音要素的操练可以此类推。

在声调训练过程中，需要特别注意第三声的操练。在实际语流中，第三声很少以完整的曲折调214的音高出现，更多是以"半三声"211的音高出现。因此在早期的声调教学中，不宜把第三声按照完整的曲折调214让学生进行充分的练习，学生一旦掌握了完整的曲折调214，进入词语组合中就很难去掉那个上升的尾巴，读准带有半三声的词语。等到学生已经自然习得半三声之后，再教完整三声的读法，比如强调评价时使用的"好"。

除了声调以外，汉语语音系统的难点还有送气音—不送气音的对立、前鼻音韵尾—后鼻音韵尾的对立、卷舌声母zh、ch、sh，平舌声母z、c、s与舌面声母j、q、x的区别等，都可以采用这样的操练步骤，从不关联语义的纯语音模式操练逐步过渡到关联语义的词句操练。

汉语的语音系统比较整齐，但有些音节在现代汉语普通话中是不存在的，不关联语义的语音练习就会遇到这样的问题。相关问题可以参看课本第八课后面的声韵调配合表，那几个表中写的是拼音；也可以参考本教师手册后面附的声韵调配合表，那里面写的是汉字，可以比较直观地了解到哪些音节是可以发出音来，但实际上没有对应汉字的，这些就是汉语里"不存在"的音节。

4. 应用新知：语音的应用应当是在语流中做到发音准确流畅，但在早期学习中，还不能完全做到这一点。因此，在语音学习的早期阶段，注重语音片段的准确就成为比较重要的应用要求了。检验语音片段的准确和流利程度可以通过课堂活动来进行，教师可以通过直接聆听来鉴定学生学习的成效，可以通过语音测验来检查，也可以通过一些手机应用（App）中的小测验（quiz）来考察——限定时间做quiz，看看哪个学生得分最高，等等。

5. 复习巩固和预习新课：可以要求学生下课回去后自己听录音做练习册上的练习，也可以要求学生把当天学的内容用手机录音发给老师。要求学生预习新课，主要方式也是听新课的录音，模仿练习，自己录音进行对比，发现问题提前准备好，下次上课时向老师提出。

（二）关于汉字的教学

汉字是汉语学习的最大难点。不过，在现代科技的辅助下，汉字学习的困难程度已经有所降低。学习汉字的几项基本原则已经在前面讲过，这里再强调一点——从汉语学习一开始就要让学生练习使用汉语拼音输入法在网络词典、手机应用中进行查字、认字、选字、用字。这样既可以巩固语音知识，又可以尽快接触熟悉汉字，还掌握了汉字输入技术，一举多得。因此教师应该了解常用的网络词典、手机应用，充分利用现代科技降低汉字学习的难度，提高学习效率。这一部分内容详见后文。

初级篇上册教材每课都有一个"汉字知识"部分，比较系统地介绍了汉字的基础知识。每课出现若干生字，上册生字总数约400个。汉字教学时段可以参照下面的步骤进行。

1. 热身活动：教师可以从相关网站上或《新华字典》App等手机应用上选择毛笔、硬笔汉字书写的教学视频播放，最好选择正楷字，让学生直观地感受汉字的书法之美。教师还可以准备一些水写布、毛笔供学生体验软笔书法书写的乐趣。

2. 呈现新知：尽管课本和练习册上把每一课生词所涉及的汉字都列了出来，要求学生练习书写，但是教师应该知道，短时间要求一个从未接触过汉字的外国人书写这么多汉字是不切实际的。每课出现的汉字并不是按照汉字本身的难易和构造系统性出现的。因此不宜不分难易主次地要求学生掌握全部生字的书写。

我们建议，开始学习汉字时，主要学习常用的独体字、笔画少的合体字。学习这些字的困难不大，可以要求学生做到"三会"：音会读、形会写、义会解。等到学生的汉语语言能力和识字数量达到一定程度后再要求"会用"。例如前三课可以按照下面的操作办法选择一部分字进行"三会"的学习：

第一课学习书写"汉字知识"基本笔画部分的"十、中、人、六、大、打"6个例字，补充"一、二、三"和第一课人名中出现的"文、兰"，共11个字。可以暂时不学习书写"你、好、老、师、您、教、授、最、近、吗、我、很、呢、同、学、也、谢、罗、飞、龙、何、爱、丽、马、修、杨、安、梅、陈"。

第二课学习书写第一课"汉字知识"复合笔画部分的"日、又、子、民、小、山、四、女、去、月、七、九"，第二课"汉字知识"中的"你、同、国、小"，第一课的"我、也、罗、飞、龙、丽、马"，第二课的"问、么、名、中、真、不、来、里、南、方、牙、北、京、巴、西、广、州"，共40个字，主要是独体字。可以暂时不学习书写的字包括第一课"汉字知识"复合笔画部分的"鼎、第"，第一课的"好、老、师、您、教、授、最、近、吗、很、呢、学、谢、何、爱、修、杨、安、梅、陈"和第二课的"请、叫、什、字、的、错、是、哪、从、贵、姓、吧、汉、语、葡、萄、英、俄、斯、莫、科、刘、江、美、李、嘉、玲"。

第三课生字量比较小，可以学习书写"汉字知识"中出现的例字"上、木、手"，第一课的"好、师、近、吗、很、呢、学、何、安"，第二课的"请、叫、什、字、的、是、从、贵、姓、吧、汉、语、英、俄、斯、莫、科、刘、江"以及第三课的"家、有、几、口、五、爸、妈、哥、姐、和、他、们、弟、妹、没、早、忙、每、天"，共50个字。可以暂时不学习书写的字包括第一课的"老、您、教、授、最、谢、爱、修、杨、梅、陈"，第二课的"错、哪、葡、萄、美、李、嘉、玲"和第三课的"都、课"。"第"可以放在这一课学习书写，"鼎"字仍然并且以后也可以不做书写要求。

第四课生字量也比较小，"汉字知识"部分也没有新字出现，可以把前面没有学习书写的生字放在这里学习。第四课学习书写的生字有"看、那、谁、就、位、士、噢、历、史、认、识、先、生、这、男、习、高、兴、澳"19个，再加上前三课遗留下来的生字，包括第一课的"老、您、教、授、最、谢、爱、修、杨、梅、陈"，第二课的"错、哪、葡、萄、美、李、嘉、玲"和第三课的"都、课"，共40个字。

教材中的汉字完全是根据课文生词排列的，没有考虑汉字本身的特点。上面这种处理只是一个补救办法，但并不是唯一的解决方案，教师可以根据具体情况变通处理。如果课时充足、学生能力强，也可以从第二课开始就要求掌握所有的汉字；如果课时较少、学生困难较多，也可以把"听说读写齐头并进"的时间推迟到更晚一些时候。

前三课出现的暂时未做书写要求的其他汉字可以进行字形辨认、字音识记，但是不一定需要会写、会解。早期阶段只要求书写简单汉字的好处是：学生学习负担不重，可以保持旺盛的学习兴趣；严格要求书写笔顺和美观，可以养成良好的书写习惯，基础扎实，后劲充足。四五周以后，就可以基本上做到听说读写齐头并进了。

在学生对拼音和汉字尚未完全掌握之前，不宜要求学生做过多的书写练习。例如前三课有一些要求书写的练习题型，如填空、完成会话等，如果把这些练习作为书面作业要求学生完成，会遇到一定困难，不管是写汉字还是写拼音。建议在第一单元（1～4课）阶段处理这些练习题时，先要求学生在课堂上口头完成，到第二单元时再笔头做一遍，同时也可以巩固前面所学的知识。

呈现汉字最好采用笔顺动图。汉字的笔顺动图在网上很容易找到，手机App中也有很多带笔顺动图的应用可供免费使用，教师可以选择一款手机应用推荐给学生。另外，教师还可以用水写布和毛笔向学生展示笔顺，同时带着学生边写边说笔画名称，日积月累，学生就能记住笔画顺序和名称。

3. 操练汉字：建议学生使用水写布和毛笔，可以反复练习。也可以使用手机应用，用手指做笔，跟着笔顺动图做描红练习。

教完当天的汉字后，要求学生自己练习，然后成对练习，一人书写一人检查，直到熟练为止。学生练习过程中，教师可以巡回指导，提醒学生，一定要按照正确的笔顺书写。

4. 应用新知：教师可以通过全班听写的方式检查学生的学习情况，也可以指定学生或学生自荐上讲台，在黑板上听写汉字。对于那些尚有疑惑的学生要及时给予答疑解惑。对于当课不需要书写的汉字也要做一些辨认练习。教师可以用PPT或者结合生字卡让学生进行辨认练习。

5. 复习巩固和预习新课：初期学习汉字硬笔书写，一定要使用有田字格或米字格的生字本进行练习，要让学生养成一字一格、大小均匀的汉字书写意识和习惯。通过作业巩固复习，作业量要根据学生的实际情况决定。如果学生可以使用水写布进行重复练习，或者可以使用手机应用重复进行描红练习，就不必要求学生在生字本上书写多遍。

预习新课生字，也要借助现代科技，可以在网络字典或手机应用中学习生字的笔顺、读音和语义。

（三）关于课文的教学

拼音和汉字是汉语学习的基础和工具，而课文则是汉语学习的主要内容，是习得和生成汉语语言能力的原料，需要给予足够的重视。初级上册课文均采用对话体，按照功能项目和交际话题展开，内容包括：打招呼和问候、询问信息和自我介绍、谈论家庭成员和问候别人、指认和介绍别人、询问工作或年龄、谈论爱好、约会、问路、谈论天气、看病、购物、换钱等。这些场景和语言可以满足外国学生最低的生存生活需要，帮助他们尽快适应新的生活环境。

为了突出重点，满足学生使用汉语进行交际的需要，在上册课本前期（前七周第1～6课）教学中，主要使用拼音进行整句的教学，汉字跟随呈现，但不做具体要求。生词学习以课文句中的用法为主，尽量不做扩展或联系，以免造成困惑。如果设立期中考试，考试内容应以拼音和汉字对照的形式呈现，考试形式应以选择题为主，应以交际功能、语音语义匹配为主要考察点。

到了上册课本后期（后七周第7～12课），学生已经积累了一定数量的汉字、词语、句子，可以改成以汉字呈现语句、词语，逐步帮助学生从关注语音—语义的匹配关系过渡到关注字形—语音—语义的匹配关系，最终抛掉拼音的拐棍。

下面以第四课《那是谁？》为例，说说课文的教学。

1. 热身活动：上课开始前，教师可以在教室里播放一些名人肖像视频或图片，或者播放流行歌星的歌曲，也可以准备一些报纸、杂志，其中有学生可能知道的名人图片。学生走进教室经过讲台时，教师可以让他们看看那些图片，问问他们是否知道这些人，说说这些人的中文名字，可以用拼音写在黑板的一角。

2. 呈现新知和语言操练：等到学生到齐，安静下来后，教师可以利用上述素材引入新课。

（1）讲练生词：一般的做法是，在讲练生词的过程中把课文中的句子代入，生词讲练完成后，课文理解也就基本完成了。为了讲练生词的方便，可以适当调整生词的顺序。原来生词排列顺序为：

| 1. 看
2. 那
3. 谁
4. 就 | 5. 位
6. 女士
7. 噢
8. 不 | 9. 教
10. 课
11. 历史
12. 认识 | 13. 先生
14. 这
15. 男
16. 学习 | 17. 高兴 |

重新排列的顺序为：

看：你看、你们看

那、这、位：那位、这位

女士、先生、男：这位女士、那位先生、这位同学、这位男同学、那位女同学（学习时注意用手势说明远近，指着屏幕时用"那"，手里拿着画报时说"这"。）

谁：这位女士是谁？这位是谁？这是谁？那是谁？那是杨老师。

教、课、学：杨老师教课。杨老师教什么课？她学什么？

历史：历史课（此处可以适当补充：汉语课、英语课、物理课等）、杨老师教历史课

不：杨老师教历史课，杨老师不教英语课。

认识：认识他、我认识他、我不认识他

高兴：很高兴、我很高兴、我也很高兴、认识你我很高兴、认识你我也很高兴

噢：假装没注意，指着一名男同学说："你们看，这位女同学是谁？"有同学发现后指出："他是男同学。"老师夸张地恍然大悟说："噢，他是男同学！"

就：哪位先生是C罗？（老师在画报里面乱翻。学生指出C罗的图片。老师恍然大悟说）这就是C罗啊！（老师也可以问学生："哪位是XXX？"有同学会说："这位就是XXX。"也可以让那位同学说："我就是XXX。"）

使用PPT展示生词及其语句使用时，要同时带有拼音，用动画效果展示语句应用。生词解释完成后，进行朗读训练，集体跟读，一人接一人随机循环朗读，教师随机点名指读具体生词……确保每个学生都得到机会练习。

（2）课文讲练：PPT展示课文语句及拼音，听录音，教师带读，教师与全班同学分角色朗读，学生接龙朗读。做到充分熟悉课文内容。

教师提问题，帮助学生深入理解课文。例如：罗飞龙认识杨老师吗？（不认识。）杨老师是澳门人吗？（杨老师不是澳门人，她是北京人。）杨老师教汉语课吗？（杨老师不教汉语课，她教历史课。）罗飞龙认识陈教授吗？（不认识。）刘大江认识陈教授吗？（认识。刘大江介绍罗飞龙认识陈教授。）

询问学生是否对课文内容和语言有问题，教师负责答疑。

安排学生分组成对小声练习课文。如果有时间，可以安排学生上讲台分角色表演对话。

3. 通过课堂练习综合运用所学知识：根据时间选做或全做练习册第四课练习六至

十三。目标是结合话题，综合运用新旧知识，完成操练或交际任务，并通过运用语言掌握所学语言知识。练习过程中要注重交际运用，随时指导和纠正。

4. 小结并布置作业：简单总结归纳所学知识，评价学生各项活动表现，总结实际效果，提出建议。例如："今天我们学习了如何指认和介绍别人，同学们可以试着使用这些语句去认识新同学和朋友。下次课告诉老师你们认识了几个新同学和朋友，并把你们的照片带来向其他同学介绍一下。"

布置作业。如果课堂上未能完成全部练习，可以把剩余练习作为家庭作业。也可以让学生再做一遍已经做完的课堂练习，以便复习巩固。

指导学生预习新课。教师可以把电子文本发给学生，指导学生查字典学生词，通过翻译软件翻译课文内容，了解语义内容；要求学生聆听录音，跟读模仿。预习中遇到问题记下来，下次上课时向老师提问。

对于后进的学生，可以安排其与先进的同学组成学习小组，一起复习、预习。

四、关于中华文化知识的教学

《国际汉语教程·初级篇》上下册共24课，每课配有一则与中华文化知识相关的文章，涵盖了汉语汉字、亲属称谓、姓名、生肖、戏曲舞蹈、节气、中医中药、传统建筑、传统节日、书法绘画、武术、传统思想、饮食、地理、神话传说等物质文化与非物质文化，大部分内容与各课课文内容有关。中华文化知识中的词汇和语法超出各课的要求，特别是上册的部分，因此这一部分都配有外文翻译，便于学生自学，可以帮助学生理解课文内容。

中华文化知识部分不宜作为语言教学的内容，但不等于说这一部分是可有可无的。它可以作为导入新课的引子，也可以作为深入理解课文内容的附注，更是激发学生学习兴趣、引导学生理解中国社会文化的抓手。建议任课教师结合各课文化知识的内容，选择一些相关的网上视频资料，或者是学校图书馆里的音像资料，指导学生观看学习。

教师在指导学生学习了解中国文化时，应当秉持客观、包容、互相尊重的态度，把中国文化放在世界文化多元性的背景之中进行理解和介绍。各国各地的文化既有共通的地方，也有特异的地方。各国各地的文化都是在交流碰撞中融合发展的，中国文化也是如此。从时间上看，现代的中国文化不同于古代的中国文化，现代的中国文化也在吸收其他国家的文化继续发展；从空间上看，中国北方的文化有别于南方的文化，城市的文化有别于农村的文化。澳门、香港是中国文化与西方文化融合最为典型的两个城市，来华留学生在这里开始浸入中国社会，会比较容易适应，缩短文化休克的时间。但是教师也应该让学生意识到澳门、香港与中国内地的文化差异，进入中国内地的不同地方，还要不断地了解当地的文化。即使对一个中国人来说，也要如此。这就是中国人常说的"入国问禁，入乡随俗"。我们对于不同文化要采取正确的态度，即费孝通提出的"各美其美，美人之美；美美与共，天下大同"。

除了课本上 24 个主题的中华文化知识外，教师在汉语语言教学中还要特别注意蕴藏的语言运用中的文化问题。例如在学习"称呼"的时候，要告诉学生，在中国文化的语境下，学生不能称呼老师的名字或姓名，这是不礼貌的，一定要称呼老师为"老师"或"姓+老师"。又比如中国人打招呼的方式，除了"你好！"、"早上好！"之外，还常常根据对方要做、正在做或做完了的某事来打招呼，例如："出去啊？"、"买菜呢？"、"下班了啊？"等等，这并不是打探别人的隐私，只是一种打招呼的方式。学习了"因为"之后，西方学生常常把"因为"放在后一分句开头，而汉语里则常常把"因为"放在前一分句开头。这是因为两种语言呈现"背景和焦点"、"旧信息和新信息"的顺序不同造成的，汉语中"背景"、"旧信息"在前面出现，"焦点"、"新信息"在后面出现，这也可以看作是一种语言文化。用词和语法正确只是语言结构层面的正确，语用和文化正确才是真正得体的表达。

五、充分利用现代科技来辅助课堂教学

现代科技的发展为语言学习提供了极大的帮助，互联网上和手机应用里有大量的科技工具和语言学习素材可以应用到对外汉语教学中。教师要充分利用这些有利条件，让课堂教学变得容易而有趣，让学生学得更有成效。

汉语学习初期从拼音开始，教师就可以让学生学习用拼音打字，使用网络词典或手机词典查找、辨认汉字，理解字义词义。有的网络词典有汉字笔顺动图，可以用手指跟着动图描红；有的手机应用中有 HSK 分级汉字；有的可以做按音找字或按字找音的小测验，例如"跟我学写汉字"等。汉字笔顺动图及描红练习，对初期的汉字学习很有帮助。

朗读（说话）的练习可以通过微信进行。微信语音信息可以转为文字，但是前提是普通话语音必须基本达到标准才能转换成功。练习朗读课文时，学生可以自己对着"文件传输助手"发语音信息，然后"转换为文字"，反复练习，直到显示的汉字正确为止。用谷歌翻译也可以做说话练习。选择"中文译中文"界面，说出一句话，软件会把语音转为汉字和拼音，并且由机器人朗读出来，与真人发音没有差别。如果你的发音基本准确，就会看到正确的汉字，听到机器人比较标准的汉语发音。谷歌翻译也可以朗读输入的汉字组合，但是不能判断语法正误。这个功能可以帮助学生自学课文。老师可以把课文的文字版发给学生，学生可以把一句话或一段话贴到谷歌翻译里，选择"译为中文"可以看到拼音、听到发音，选择"译为英文/葡萄牙文"可以通过译文知道课文的意思。类似的可以对文字进行语音识别的免费软件还有很多，例如华为云上的定制语音合成、百度开放平台上的在线语音合成、讯飞开放平台上的在线语音合成等，都可以免费使用。

到了初级篇下册学习阶段，学生需要扩大听力和阅读的范围，可以把阅读和听力结合起来进行。建议教师或学校购买一些内容合适的汉语拼音读物，在相关 App 上找到这些拼音读物的音频，让学生对照着拼音读物反复听读。为了帮助学生理解，教师可以把读物的外语译文提供给学生。听读训练可以迅速提高学生的拼音、朗读、说话、识字和阅读能力，扩大词汇量，并尽早形成汉语语感。这个内容还可以和听力课结合起来，教师可以把课外泛听内容规划好，要求学生必须完成一定量的听读练习，并在测验或考试中有所体现。这样可以创造一个局部汉语环境，迅速提高学生的汉语语言能力，形成良好的语言面貌。

PDF 文档也有识别汉字进行朗读的功能。不需要用汉语拼音辅助的学生可以把文字文档另存为 PDF 文档来听读和阅读文章，提高自己的汉语水平。

免费的网络词典和翻译工具已经非常普及，网上有多种选择，是第二语言学习的好帮手。翻译软件的负面作用之一是，有的学生自己不动脑不动手，而是利用翻译软件写作文交作业，这种做法应当禁止。当发现学生作文中出现大量尚未学过的生词和句式、超出学生现有语言能力时，老师应当跟该生当面了解一下其作业情况，尽早避免这种现象的发生。

现代汉语语料库对于汉语研究和教学具有极大的帮助，教师应善于利用，经常利用。北京语言大学 BCC 语料库中包含现代汉语语料库、古代汉语语料库、英汉对照语料库、留学生 HSK 作文语料库等，内容丰富，使用界面良好，是教师进行语言研究、备课的好帮手。

总之，现代科技为第二语言教学提供了有力的帮助，作为汉语教师，要充分利用和发掘现代科技的功能，帮助学生尽快学好汉语，提高学习兴趣、效率和质量。

第一课 你好!

教学目的与教学重点

① 功能项目（交际话题）

掌握"打招呼和问候"的功能项目，并熟练运用于日常交际。

② 重点词语、重点句型

（1）人称代词"我、你、您"，特别是敬称"您"的使用。
（2）副词"很"和"也"的使用。
（3）疑问语气词"吗"的使用。

③ 语音

（1）汉语的音节结构
（2）声母：b、p、m、f
  注意 b 和 p 的区别——b 为不送气音，p 为送气音。
（3）韵母：a、o、e、i、u、ü
  注意单韵母 o、e、ü 和 u 的发音。
（4）声调
  注意阴平、阳平、上声、去声四个声调的发音要领以及声调符号的标写位置。

④ 汉字（汉字知识与汉字认写）

（1）能够熟练、正确地认读并书写本课部分生字。（参考"前导"相关内容）
（2）了解汉字笔画的相关知识，掌握汉字书写的笔画运行方向。

⑤ 中华文化知识

了解汉语和汉字的基本知识。了解繁体字和简化字的历史及使用范围。

教学步骤

① 语音处理

以单音演示的方式展示本课的语音内容，如声母、韵母、声调等。教师演示领读，学生模仿跟读。教学中可采用学生齐读、个别读、老师纠音、学生辨音、辨调的方法。

❷ 生词处理

教师按一定的顺序及位置展示生词，生词出现的顺序及位置应便于学生记忆并有利于学习句型或课文。

教师示范领读，学生齐读或个别读，教师及时纠正不正确的发音。

对课文中的实词可进行搭配扩展，对课文中的虚词可进行语用扩展。扩展的主要方式有听说、问答、情景引导等。

对于重点词语，教师可给出2～3个例句让学生模仿操练，使学生逐步领会该词语的含义及用法，教师在此基础上总结该词语的使用规则及语言结构。

❸ 重点词语和句型讲练

（1）讲练人称代词"我、你、您"，注意向学生解释"你"和"您"的区别："你"是普通称谓，适用于平辈之间，长辈对晚辈，上级对下级的情况，而"您"是尊敬称谓，适用于晚辈对长辈或者下级对上级。注意强调"我"和"你"有复数形式"我们"和"你们"，而"您"没有复数形式。

（2）讲练人称代词"他、她、它"，注意向学生解释三者间的区别，强调"它"只用于指代人以外的事物，不可用来指称人。

（3）讲练疑问语气词"吗"的用法，注意向学生解释只需要把"吗"加在陈述句句尾即可将陈述句变为一般疑问句。提醒学生，在变为一般疑问句后，句子的语调会发生变化。

❹ 语法点处理

教师可通过问答、情景引导、句型转换、句子合成等不同方式导入新课的语法点。导入新语法点所使用的例句应具有典型性并贴近日常生活。

在学生理解语法点的意义、掌握语法点的结构和使用条件的基础上，让学生就该语法点进行大量的操练。操练的形式可包含理解性练习、模仿性练习、记忆性练习和交际性练习等。

为便于学生记住并掌握语法点，教师可利用公式、表格、符号等总结归纳出该语法点的结构、语义及使用条件。

❺ 课文讲练

在学生课前预习的基础上，让学生朗读课文。教师示范领读，学生模仿跟读，教师及时纠正不正确的发音。

对于课文中学生不理解的地方，可请学生提问，其他学生答疑，其他学生不能答疑的，教师再答疑。

教师采用提问的方法，检查学生对课文是否理解。

让学生使用课文中所学习的生词、句型、语法点，按照课文所学习的交际功能项目，分角色表演课文内容。鼓励学生在背诵课文的基础上活用课文，并将所学应用于实际交际之中。

❻ 汉字知识讲解与汉字认写指导

汉字知识扼要讲解即可，重点是带学生熟悉汉字笔画的书写方法。汉字认写前，带学生分析汉字中的笔画数量和走向，并做书写示范，让学生了解笔画书写的基本规则和方法，逐步学会将汉字分拆为笔画，再按正确顺序将笔画组合成汉字。

❼ 中华文化知识讲解

注意提醒学生，目前我们看到的简化字是汉字字形历史演变的结果。在澳门使用课本时，可提示学生，在澳门所见汉字多为繁体字，与课本中所学的简化字多有差异。可建议学生多加观察，以体会繁体字和简化字间的差异。注意提示学生对照葡文或英文掌握本部分材料的基本内容。

❽ 练习指导与检查

无论是课堂练习还是布置学生课下完成的练习，都应做有针对性的提示和指导。检查可在下次导入新课之前进行，对有普遍性的错误要重点讲解和纠正，并辅以适当的操练。

"词句解释"与"语法"补充材料

❶ "您"的使用

"您"和"你"一样都是汉语的第二人称代词。"您"是"你"的尊称，一般用于称呼年龄比自己大或职位比自己高的人。需要注意的是：代词"你"有复数形式"你们"，而"您"一般没有复数形式。

❷ "他"、"她"、"它"和"他们"、"她们"、"它们"

"他"、"她"和"它"都是汉语的第三人称代词。

"他"用于指人，男性。

"她"用于指人，女性。

"它"用于指事物或人以外的其他生物。

"他"的复数形式为"他们",指多个男人或多个男人和女人。
"她"的复数形式为"她们",指多个女人。
"它"的复数形式为"它们",指多个事物或人以外的其他生物。

"语音知识"补充材料

❶ 声调符号的标写位置

声调符号一定要标在元音上。例如:mǎ、hé。

元音 i 上有调号时,要去掉 i 上的点。例如:nǐ、lì。

当韵母为复韵母时,声调符号要标在主要元音上,也就是开口度最大的元音上。元音开口度由大到小依次为:a、o、e、i、u、ü。例如:hǎo、luó。

注意 iu 和 ui 两个韵母是例外,声调应标在后一个元音上。例如:qiú、duì。

❷ 声母的不送气与送气

按发音时透出气流的强弱,汉语声母中的塞音和塞擦音可以分为不送气与送气两类。不送气的声母发音时,吐出的气流比较弱,自然地放出,如 b、d、g、j、zh、z 都是不送气音;送气的声母发音时,用力吐出一股较强的气流,如 p、t、k、q、ch、c 都是送气音。

练习不送气音与送气音时,可拿一张纸条放在嘴前,发不送气音时,放在嘴前的纸条不颤动,发送气音时,放在嘴前的纸条会颤动。教学时,为了便于学生分辨这两种发音的差别,可以把不送气音和送气音对比起来念。

❸ 单韵母 o 的发音

发单韵母 o 时,主要注意掌握好开口度。发 o 时上唇和下唇的距离约为一个食指宽,注意唇形不要太圆,稍稍收拢即可,发音时一般只能看到上齿的边缘,而看不到下齿。

❹ 单韵母 e 的发音

发单韵母 e 时,主要注意嘴唇应向两边展开,上唇与下唇的距离约为一个食指宽,发音时一般上齿和下齿都能看得见。发 e 时可先发 o,由 o 引导到 e。即,先发 o,然后声音拖长,逐渐把双唇向两边展开,就是 e 了。

❺ 单韵母 ü 的发音

发单韵母 ü 时,可由 i 引导到 ü。即,先发 i,然后声音拖长,舌位保持不动,唇形变圆,

即可发出 ü。注意读带 ü 的音节时，从一开始就要把唇形收拢，这样才能读准整个音节。

❻ 单韵母 u 的发音

发单韵母 u 时，嘴唇应尽量向前突出，把嘴唇收拢得紧一些，好像吹蜡烛的样子，但并不向外吹气，只是保持这个口型，颤动声带发音即可。

❼ 普通话舌面单元音韵母舌位唇形图

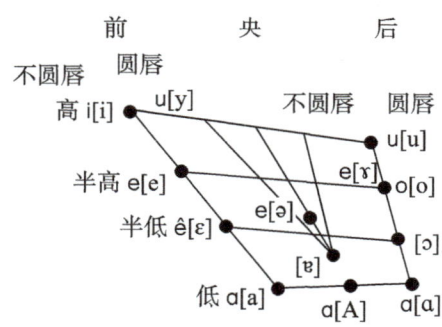

❽ 声调五度标记法

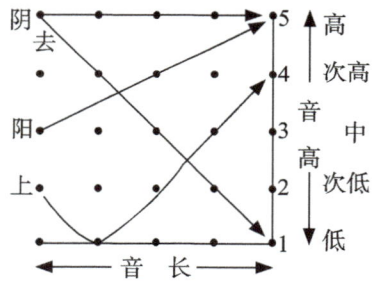

"汉字知识"与汉字认写

❶ "汉字知识"补充材料

书写汉字时，一定要按汉字笔画运行方向的规则书写。例如：写横的时候，必须从左到右写，而不能从右到左写；写竖的时候，必须从上到下写，而不能从下到上写。

汉字的笔画形状分为基本笔画和复合笔画两大类。基本笔画由简单的点或线构成；复合笔画由两个或两个以上的基本笔画连接而成。书写汉字时，不管是基本笔画还是复合笔画，一定要严格按照笔画书写的走向来写，切忌像画画儿一样不按笔画运行方向书写。

第一课 你好！

现代汉字的笔形，除了"点"以外，大多都是直线，很少使用弧线，其中只有"撇"、"捺"和部分"钩"有很小的弧度，这一点与拉丁字母有很大的不同。拉丁字母的印刷体主要是由点、直线和弧线构成的；而手写体，除了点以外，绝大部分是由弧线构成的。

❷ 汉字认写注意事项

可以让学生认写前先分析汉字的笔画构成。写汉字时注意按照笔画书写，不可将一笔分成两笔，也不可将两笔合为一笔，且应按照笔画的固定走向书写。

"中华文化知识"补充材料

联合国 6 种工作语言

在联合国的所有会议、官方文件，以及有关记录、事务中可以使用的语言，称为联合国工作语言，联合国的工作语言共有 6 种，汉语是联合国的 6 种工作语言之一，其他 5 种为：英语、法语、俄语、阿拉伯语和西班牙语。

"练习"参考答案

一、朗读下列音节，注意声调。

本题的重点是训练学生掌握声韵拼合和四个声调。请老师先带领学生朗读，注意既要强调声母和韵母发音的准确性，又要强调各个声调的调值差异和发音要领。反复领读并跟读录音，待学生跟读熟练后，再独立朗读。

二、朗读下列音节，注意不送气与送气的区别。

本题的重点是训练学生掌握不送气声母和送气声母的发音区别。请老师先带领学生朗读，领读过程中反复对发音部位相同的不送气声母和送气声母进行比较，尤其要强调送气声母的发音要领。反复领读并跟读录音，待学生跟读熟练后，再独立朗读。

三、朗读下列音节，注意声调的差别。

本题的重点是训练学生掌握声韵拼合和四个声调。请老师先带领学生朗读，注意既要强调声母和韵母发音的准确性,又要强调各个声调的调值差异和发音要领。反复领读并跟读录音,待学生跟读熟练后,再独立朗读。

四、听录音,画出听到的音节。

(一) 1. bá √ pá   2. bō ō √   3. bì √ pì   4. bǔ √ pǔ

(二) 1. bà √ bā   2. pó √ pǒ   3. mō mò √   4. fú √ fū

5. mǐ √ mí   6. fā fà √   7. pù pǔ √   8. bí √ bì

五、朗读下列词语。

本题的重点是训练学生识读简单的汉字。请老师先带领学生朗读,反复领读并跟读录音,待学生跟读熟练后,再独立朗读。

六、朗读下列句子,注意语音语调。

本题的重点是训练学生识读简单的句子。请老师先带领学生朗读,反复领读并跟读录音,待跟读熟练后,再请学生独立朗读。领读过程中须强调汉语陈述句、疑问句和感叹句的句调差异。

七、熟读下列词语,并选择填空。

a. 很   b. 吗   c. 好   d. 最近

1. 杨老师,您<u>最近</u>好<u>吗</u>?
2. 我<u>很</u>好。你呢,梅兰同学?
3. 陈教授,<u>您</u>好!
4. 罗飞龙最近好<u>吗</u>?

八、完成会话。

1. 马修文:你好,安梅兰!
   安梅兰:<u>马修文,你好</u>!

2. 陈老师:飞龙,你好!
   罗飞龙:<u>您好</u>!

3. 马修文：杨教授，您最近好吗?
　　杨教授：我很好，你好吗?
　　马修文：我也很好。谢谢!

九、看图说话。

　　本课的看图说话练习主要针对打招呼主题，其中包括与同辈打招呼、与长辈打招呼及见面时的简单寒暄。作为课堂练习，要注意提醒学生结合具体情境进行会话，并注意重点词语、重点句型的使用与操练。

十、汉字认写练习。

　　要求学生注意字形的联系与区别，注意汉字的偏旁、笔顺，并在田字格中工整书写。对字形复杂、笔画较多的字要重点示范与讲解。

第二课 你叫什么名字?

教学目的与教学重点

❶ 功能项目（交际话题）

掌握"询问姓名、国籍、籍贯和自我介绍"的功能项目，并熟练运用于日常交际。

❷ 重点词语、重点句型

（1）重点词语：疑问代词"什么、哪、哪里"，结构助词"的"，疑问语气助词"呢"。

（2）敬辞"请问"的使用。

（3）敬辞"贵姓"的使用。

（4）"是"字句。

（5）汉语的基本语序。

（6）疑问语气词"呢"的使用。

❸ 语音

（1）声母：d、t、n、l

注意 d 和 t 的区别——d 为不送气音，t 为送气音。

n 和 l 的区别——n 是鼻音，l 是边音。

（2）韵母：ai、ei、ao、ou、an、en、ang、eng、ong

注意复韵母 ai 的发音。

前鼻韵母 an、en 与后鼻韵母 ang、eng 的区别。

（3）轻声

注意轻声没有固定的音高，它的音高受前面音节声调的影响而发生变化。

❹ 汉字（汉字知识与汉字认写）

（1）能够熟练、正确地认读并书写本课部分生字。（参考"前导"相关内容）

（2）掌握汉字书写的笔顺规则。

❺ 中华文化知识

了解普通话的定义以及在不同使用地区的名称。

第二课　你叫什么名字？

> 教学步骤

❶ 复习并导入新课

重点检查前一课的语音、生词、句型、功能的掌握情况，发现问题及时纠正。以提问法、情景设置法等导入新课。

❷ 语音处理

以单音演示的方式展示本课的语音内容，如声母、韵母、声调、轻声等。教师演示领读，学生模仿跟读。教学中可采用学生齐读、个别读、老师纠音、学生辨音、辨调的方法。

❸ 生词处理

教师按一定的顺序及位置展示生词，生词出现的顺序及位置应便于学生记忆并有利于学习句型或课文。

教师示范领读，学生齐读或个别读，教师及时纠正不正确的发音。

对课文中的实词可进行搭配扩展，对课文中的虚词可进行语用扩展。扩展的主要方式有听说、问答、情景引导等。

对于重点词语，教师可给出2～3个例句让学生模仿操练，使学生逐步领会该词语的含义及用法，教师在此基础上总结该词语的使用规则及语言结构。

❹ 重点词语和句型讲练

（1）讲解现代汉语的基本语序，注意向学生解释现代汉语的基本语序为"主语＋动词＋宾语"，肯定句、否定句和疑问句都遵循这一语序。在古代汉语中存在一些宾语置于动词之前的用法，有些仍然保留在一些熟语中。

（2）讲解疑问语气词"呢"，注意向学生说明"呢"用于疑问句中时，用法和语义不尽相同。"呢"可用在含疑问代词的疑问句句尾，此时，"呢"不是构成疑问句的必要成分；"呢"也可以用在名词或名词短语后，构成省略疑问句，此时，"呢"是疑问句的必要成分。

（3）讲解"是"字句，注意向学生说明，汉语中存在多种不含动词的句型，很多句子不能在其中加入"是"字，如"我很好、他不好"等，都不能用"是"字句来表达。

（4）讲解结构助词"的"的用法，注意向学生说明，在表领属义时，"的"字经常被省略，特别是当领属者和被领属者关系极为密切时，如"我爸爸、我妈妈、我们学校"等。

❺ 语法点处理

教师可通过问答、情景引导、句型转换、句子合成等不同方式导入新课的语法点。导入新语法点所使用的例句应具有典型性并贴近日常生活。

在学生理解语法点的意义、掌握语法点的结构和使用条件的基础上，让学生就该语法点进行大量的操练。操练的形式可包含理解性练习、模仿性练习、记忆性练习和交际性练习等。

为便于学生记住并掌握语法点，教师可利用公式、表格、符号等总结归纳出该语法点的结构、语义及使用条件。

❻ 课文讲练

在学生课前预习的基础上，让学生朗读课文。教师示范领读，学生模仿跟读，教师及时纠正不正确的发音。

对于课文中学生不理解的地方，可请学生提问，其他学生答疑，其他学生不能答疑的，教师再答疑。

教师采用提问的方法，检查学生对课文是否理解。

让学生使用课文中所学习的生词、句型、语法点，按照课文所学习的交际功能项目，分角色表演课文内容。鼓励学生在背诵课文的基础上活用课文，并将所学应用于实际交际之中。

❼ 汉字知识讲解与汉字认写指导

汉字知识扼要讲解即可，重点是带学生熟悉汉字书写的笔顺规则。汉字认写前，先带学生分析各个汉字的笔顺，注意就易错之处进行提醒，并做书写示范，让学生明白汉字要按照一定的笔顺书写，并坚持反复练习。

❽ 中华文化知识讲解

注意提醒学生汉语有多种地域变体，且不同方言间的语音、词汇和语法有时差异巨大。在澳门使用课本时，可提示学生，在澳门人们多使用粤方言，语音与普通话差别极大，学会普通话后可能仍然无法理解粤方言。可建议学生在有余力的情况下，主动学习一些粤方言。注意提示学生对照葡文或英文掌握本部分材料的基本内容。

❾ 练习指导与检查

无论是课堂练习还是布置学生课下完成的练习，都应做有针对性的提示和指导。检查可在下次导入新课之前进行，对有普遍性的错误要重点讲解和纠正，并辅以适当的操练。

"词句解释"与"语法"补充材料

❶ "请问"

汉语的"请问"一般用于句首，而不用于句尾。"请问"之后一般用逗号与句子其他部分隔开。"请问"一般用于请求对方回答问题的时候。

❷ "贵姓"

"贵姓"是询问他人姓氏时使用的敬辞。常常与另一个敬辞"您"搭配使用，如："您贵姓？"回答的时候，为表示谦虚，会说"免贵，姓……"，或直接说"我姓……"，如"我姓陈"。

"贵姓"中的"贵"是"尊贵"的意思，表示对对方的尊敬之意。相同的用法还有"贵国"、"贵校"等。

❸ "是"字句

"是"字句属动词谓语句。"是"的基本功能是表示肯定的判断。"是"在主语和宾语之间主要起联系的作用。"是"字句的主语和宾语可以是名词或名词短语、代词、数词或数量词短语、动词或动词短语、形容词或形容词短语、主谓短语、"的"字短语、介词短语，等等。

按主语和宾语间的语义关系，"是"字句可分为以下几类：

（1）表示相等、同一、等同。主语和宾语可以互换位置。例如：他是我弟弟。

（2）表示归类。宾语是一个概括的类，主语是其中的成员。例如：我是葡萄牙人。

（3）表示特征。宾语是主语某一部分的特征，或者是对主语某一方面的说明介绍。例如：那个人是北京口音。

（4）表示比喻。例如：年轻人是早上八九点钟的太阳。

（5）表示说明、解释。例如：他是为了大家，不是为了自己。

（6）表示存在。主语是表示处所的词语，宾语是存在的人或事物。例如：桌子上是书。

"语音知识"补充材料

❶ 轻声

"轻声"是汉语普通话语音的一个重要特点。汉语普通话中的每个汉字都有自己的声调，除了阴平、阳平、上声、去声之外，有的字音念得又轻又短，这就是轻声。轻声没有固定的音高，它的音高受前面音节声调的影响而发生变化。

（1）在阴平后面念半低调，听起来有点儿像又轻又短的去声。例如：桌子、妈妈。
（2）在阳平后面念中调。例如：棉花、头发。
（3）在上声后面念半高调，听起来有点儿像又轻又短的阴平。例如：你们、椅子。
（4）在去声后面念低调，听起来有点儿像特别降低的轻短的去声。例如：地方、月亮。

❷ n 和 l 的区别

n 和 l 的发音部位相同，都是舌尖中音。但它们的发音方法不同，n 是鼻音，气流从鼻子透出；l 是边音，气流从舌头两边透出。

练习发 n 时，舌尖抵住上齿龈，使气流从鼻腔出来，同时声带振动，拉长声读"恩"，这个长声就是 n 的本音。如果把鼻子捏住，这个音就没了。

练习发 l 时，把鼻子捏住，舌边放松，使气流从舌头两边出来，同时声带振动，这个音就是 l 的本音。

❸ 复韵母 ai 的发音

复韵母是由复元音充当的韵母。与单韵母不同，复韵母发音时是从一个元音过渡到另一个元音，口型一定要有变化，舌头一定要有动程。但是要注意：从一个元音过渡到另一个元音是滑动，不是跳动，中间听不出衔接的痕迹，而且各个元音的响度不同。

例如在发 ai 这个复韵母时，从 a 到 i 中间要经过许多过渡音，这些过渡音成串地滑过，成为一个复合音 ai。前面的 a 比较响亮，而且稍长；后面的 i 又轻又短，比较模糊。

❹ 前鼻韵母 an、en 和后鼻韵母 ang、eng 的发音

练习鼻韵母 an、en、ang、eng 时，一定要区分开前鼻韵母和后鼻韵母。

发前鼻韵母时，可使舌尖贴紧上齿龈，振动声带，就可以发出正确的前鼻音；发后鼻韵母时，可把嘴微微张开，使舌头后缩，抵住软腭，就可以发出正确的后鼻音。

从外形上看，发前鼻韵母时，上下门齿是对齐的，上门齿稍稍掩住下门齿一点儿边缘；发后鼻韵母时，最后口型微开，上下门齿稍分开一点儿。

从听觉上分辨，前鼻韵母声音较沉闷、细弱；后鼻韵母声音较响亮、洪大。

"汉字知识"与汉字认写

❶ "汉字知识"补充材料

书写汉字时，除了要注意按照汉字笔画走向的规则书写，还要注意按照汉字笔顺的规则书写。笔顺就是汉字笔画在书写汉字时出现的先后顺序。

大多数汉字都不止一个笔画。现代常用的汉字中，九画到十二画的字占多数。这么多笔画组合而成的汉字，必然要出现不同的笔画组合关系：

（1）分离关系：分离关系的汉字中，每个笔画之间都有或大或小的距离。例如：三、八等。

（2）相接关系：相接关系的汉字中，前一笔画和后一笔画都是相互连接的。例如：人、刀等。

（3）相交关系：相交关系的汉字中，前一笔画和后一笔画都是相互交叉的。例如：七、九等。

❷ 汉字认写注意事项

可以让学生在开始写汉字前先按笔顺进行书空，也可以先进行笔顺分拆练习，让学生在学汉字的开始阶段即养成良好的书写习惯。

"中华文化知识"补充材料

普通话与北京话

普通话"以北京语音为标准音，以北方方言为基础方言，以典范的现代白话文著作为语法规范"。这个定义是从语音、词汇、语法三个方面对普通话加以描述。普通话是汉民族的共同语，而北京话只是众多汉语方言中的一种。

普通话"以北京语音为标准音"，指的是以北京音系为标准音，即北京话的声母、韵母、声调系统，是经过规范的北京音，而不包括北京话的土音。普通话的词汇"以北方方言为基础"，这其中包含了北京话的词汇，但并不包含北京话中的一些土语。另外普通话的词汇还包含其他方言的词汇。

所以，普通话不等同于北京话。

"练习"参考答案

一、朗读下列音节，注意声调。

　　本题的重点是训练学生掌握声韵拼合和四个声调。请老师先带领学生朗读，注意既要强调声母和韵母发音的准确性，又要强调各个声调的调值差异和发音要领。反复领读并跟读录音，待学生跟读熟练后，再独立朗读。

二、朗读下列音节，注意不送气与送气的区别。

　　本题的重点是训练学生掌握不送气声母和送气声母的发音区别。请老师先带领学生朗读，领读过程中反复对发音部位相同的不送气声母和送气声母进行比较，尤其要强调送气声母的发音要领。反复领读并跟读录音，待学生跟读熟练后，再独立朗读。

三、听录音，画出听到的音节。

（一）1. bái √　pái　　2. bāo √　pāo　　3. bàn　pàn √　　4. bǎng √　pǎng
　　　5. dōu √　tōu　　6. dài　tài √　　7. dān √　tān　　8. dēng √　tēng
　　　9. lài √　nài　　10. lěi　něi √　　11. lán　nán √　　12. lóng √　nóng

（二）1. dāi √　dài　　2. tāo √　tào　　3. nóng　nòng √　　4. lǎn √　lán
　　　5. tōu √　tòu　　6. dēi　děi √　　7. lǒng √　lòng　　8. náng √　nǎng

四、听录音，画出含轻声的词语。

1. 老师　　　2. 我们√　　3. 教授　　　4. 最近
5. 名字√　　6. 您好　　　7. 你呢√　　8. 不错
9. 谢谢√　　10. 同学　　 11. 好吗√　　12. 南方
13. 贵姓　　 14. 你们√　　15. 中文　　 16. 什么√
17. 汉语　　 18. 好吧√　　19. 是的√　　20. 英语

五、朗读下列含轻声的词语。

　　本题的重点是训练学生掌握轻声的发音。请老师先带领学生朗读，注意强调轻声在各个声调后的调值差异及又轻又短的发音特点。反复领读并跟读录音，待学生跟读熟练后，再独立朗读。

六、朗读下列词语。

本题的重点是训练学生识读简单的汉字。请老师先带领学生朗读，反复领读并跟读录音，待学生跟读熟练后，再独立朗读。

七、朗读下列句子，注意语音语调。

本题的重点是训练学生识读简单的句子。请老师先带领学生朗读，反复领读并跟读录音，待跟读熟练后，再请学生独立朗读。领读过程中须强调汉语陈述句、疑问句和感叹句的句调差异。

八、熟读下列词语，并选择填空。

a. 也　b. 学　c. 贵　d. 哪　e. 不错　f. 的

g. 什么　h. 叫　i. 请

1. 老师，您贵姓？
2. 你是哪国人？
3. 请问，你是哪里人？
4. 我学葡萄牙语。
5. 何爱丽也是巴西人。
6. 请问，你叫什么名字？
7. 你的中文名字真不错！
8. 我的中文名字叫罗飞龙。

九、完成会话。

1. A：你好！
   B：你好！
   A：请问，你叫什么名字？
   B：我叫罗飞龙。

2. A：你好！
   B：你好！
   A：你叫什么名字？

B：我叫何爱丽。你呢？
   A：我叫马修文。

3. A：你是哪国人？
   B：我是葡萄牙人。你呢？
   A：我是俄罗斯人。

4. A：你好！你是哪国人？
   B：我是葡萄牙人。你呢？
   A：我是巴西人。

5. A：老师，您贵姓？
   B：我姓杨。你呢？
   A：我姓刘。

6. A：你是哪里人？
   B：我是北京人。你是南京人吗？
   A：是的，我是南京人。

7. A：我是巴西人。我学汉语。
   B：我是美国人。我也学汉语。

十、看图说话。

本课的看图说话练习主要针对询问个人信息，其中包括询问姓名、国籍和籍贯以及所学科目等。作为课堂练习，要注意提醒学生结合具体情境进行会话，并注意重点词语、重点句型的使用与操练。

十一、回答问题。

本题旨在训练学生掌握如何用汉语提问和陈述个人信息。本题可作为课堂练习，在课堂上由老师指导进行，也可作为书面作业，请学生用汉字或拼音作答。

十二、口头表达。

本题旨在训练学生掌握如何用汉语介绍自己及他人。本题为课堂练习，进行练习前，老师可先带领学生复习本课出现的相关词语和句式，并给出范例，然后请学生分组讨论，最后再请学生作答。

十三、汉字认写练习。

要求学生注意字形的联系与区别，注意汉字的偏旁、笔顺，并在田字格中工整书写。对字形复杂、笔画较多的字要重点示范与讲解。

第三课　你家有几口人？

教学目的与教学重点

① 功能项目（交际话题）

掌握"谈论家庭成员和问候别人"的功能项目，并熟练运用于日常交际。

② 重点词语、重点句型

（1）重点词语：疑问代词"几"，量词"口"，副词"也、都、没"，连词"和"。

（2）10 以内基数词的表达。

（3）"有"字句。

（4）形容词谓语句。

③ 语音

（1）声母：g、k、h

注意 g 和 k 的区别——g 为不送气音，k 为送气音。

f 和 h 的区别——f 和 h 都是擦音，它们的发音方法相同，但发音部位不同。

（2）韵母：ua、uo、uai、uei、uan、uen、uang、ueng

注意 ueng 与 ong 的差别。

（3）三声变调：半三声和两个三声相连的变调。

注意半三声只读原来第三声的前一半降调，不读后一半的升调。

④ 汉字（汉字知识与汉字认写）

（1）能够熟练、正确地认读并书写本课部分生字。（参考"前导"相关内容）

（2）了解汉字形体结构的分类，以及独体字的特点。

⑤ 中华文化知识

大概了解中国人的亲属称谓。

教学步骤

① 复习并导入新课

重点检查前一课的语音、生词、句型、功能的掌握情况，发现问题及时纠正。以提问法、情景设置法等导入新课。

❷ 语音处理

以单音演示的方式展示本课的语音内容，如声母、韵母、声调、三声变调等。教师演示领读，学生模仿跟读。教学中可采用学生齐读、个别读、老师纠音、学生辨音、辨调的方法。

❸ 生词处理

教师按一定的顺序及位置展示生词，生词出现的顺序及位置应便于学生记忆并有利于学习句型和课文。

教师示范领读，学生齐读或个别读，教师及时纠正不正确的发音。

对课文中的实词可进行搭配扩展，对课文中的虚词可进行语用扩展。扩展的主要方式有听说、问答、情景引导等。

对于重点词语，教师可给出 2～3 个例句让学生模仿操练，使学生逐步领会该词语的含义及用法，教师在此基础上总结该词语的使用规则及语言结构。

❹ 重点词语和句型讲练

（1）讲练量词的用法，注意向学生说明，绝大部分的汉语名词和数词组合时中间需要加量词。量词是根据某些特征对事物进行分类的结果，搭配同一量词的名词通常有某些共同之处，可准备图片或实物为学生示意。

（2）讲练"有"字句的用法，注意强调"有"字句的否定形式中通常不出现数量短语，当出现数量短语时，表示对该数量的否定。

（3）讲练形容词谓语句，注意强调汉语中存在大量不含动词的句子，形容词短语可以直接做谓语，不再加任何动词。注意提醒学生，形容词谓语句中一般不可单用形容词，通常需要在前面加"很、非常"等副词。形容词谓语句中的"很"常常不表示程度高，只是构成句子的必要成分。

❺ 语法点处理

教师可通过问答、情景引导、句型转换、句子合成等不同方式导入新课的语法点。导入新语法点所使用的例句应具有典型性并贴近日常生活。

在学生理解语法点的意义、掌握语法点的结构和使用条件的基础上，让学生就该语法点进行大量的操练。操练的形式可包含理解性练习、模仿性练习、记忆性练习和交际性练习等。

为便于学生记住并掌握语法点，教师可利用公式、表格、符号等总结归纳出该语法点的结构、语义及使用条件。

❻ 课文讲练

在学生课前预习的基础上，让学生朗读课文。教师示范领读，学生模仿跟读，教师及时纠正不正确的发音。

对于课文中学生不理解的地方，可请学生提问，其他学生答疑，其他学生不能答疑的，教师再答疑。

教师采用提问的方法，检查学生对课文是否理解。

让学生使用课文中所学习的生词、句型、语法点，按照课文所学习的交际功能项目，分角色表演课文内容。鼓励学生在背诵课文的基础上活用课文，并将所学应用于实际交际之中。

❼ 汉字知识讲解与汉字认写指导

汉字知识扼要讲解即可，引导学生观察并总结出字的特点，并做书写示范，引导学生正确规范地书写汉字。

❽ 中华文化知识讲解

注意向学生说明，中国的亲属称谓词比很多其他语言中的都要复杂，像英语中的 uncle、aunt 和 cousin 等词，在汉语中都有多个相对应的称谓。可建议学生试着用这些词语描述自己的家庭成员状况。注意提示学生对照葡文或英文掌握本部分材料的基本内容。

❾ 练习指导与检查

无论是课堂练习还是布置学生课下完成的练习，都应做有针对性的提示和指导。检查可在下次导入新课之前进行，对有普遍性的错误要重点讲解和纠正，并辅以适当的操练。

"词句解释"与"语法"补充材料

❶ 汉语量词

汉语的名词不能直接和数词结合，在名词和数词之间必须使用量词，表示事物计量单位的量词叫名量词，表示动作计量单位的量词叫动量词。

汉语的特点之一是，不同的个体名词一般都有其各自搭配使用的量词。这种名词与量词的搭配通常是有限定的，不能随意搭配。不少量词与名词的搭配在意义上通常有一定的理据。例如：

条：长条形、可弯曲的东西。例如：领带、路、河等。
本：装订成册的东西。例如：书、词典、本子、杂志等。
把：有把手、靠抓握使用的东西。例如：刀、壶、椅子、扇子等。
根：细而长的东西。例如：头发、树枝、绳子等。
张：有平面或可展开的东西。例如：桌子、床、纸、画等。
棵：植物。例如：树、草、白菜等。
支：直硬细长的东西。例如：笔、蜡烛、枪等。
座：高大而固定的物体。例如：山、楼房、桥等。

"个"是汉语中使用范围最广的名量词。可以搭配各种形象上没有显著特点的名词。例如：一个学生、一个杯子、一个工厂、一个想法、一个习惯。

❷ 形容词谓语句

汉语的特点之一是，谓语不单可以由动词性结构充当，还可以由形容词性结构和名词性结构充当。由形容词充当谓语主要成分的句子就叫形容词谓语句。

形容词作谓语时，形容词前不加动词"是"。这一点是许多母语为印欧语系语言的学生常常出错的地方。例如：

我很忙。（√）　　　　　　我是很忙。（非强调的意思）（×）
他们很高兴。（√）　　　　他们是很高兴。（非强调的意思）（×）
这个孩子很聪明。（√）　　这个孩子是很聪明。（非强调的意思）（×）

❸ "有"字句

"有"字句就是谓语主要动词为"有"的句子，它是一种动词谓语句。

"有"是非动作动词，它的基本意思是"领有、存在"。与其他动作动词不同，"有"字句的否定形式是把动词"有"替换为动词"没有"，而不能使用"不"。而其他动作动词的否定形式，否定"过去"时用副词"没（有）"，否定"将来"时用副词"不"。例如：

我家没有五口人。（√）　　　　我家不有五口人。（×）
昨天我没（有）去学校。（√）　明天我不去学校。（√）

❹ 副词"也"和"都"的共同使用

"也"和"都"都是副词，都可在句子中作状语，放在动词或形容词前使用。"也"表示与前面提到的情况一样，"都"表示总括，没有例外。"也"和"都"在句子中可以同时使用,既表示与前面提到的情况一样,又表示总括,没有例外。需要注意的是,"也"和"都"同时使用时,它们的顺序是:"也"在前,"都"在后。例如:

罗飞龙是葡萄牙人,我们也都是葡萄牙人。

他们很忙,我们也都很忙。

❺ 语气助词"吗、吧、呢"的区别

"吗"、"吧"和"呢"都是汉语的语气助词。

（1）"吗"

"吗"加在陈述句之后,构成疑问句。例如:

你学习汉语吗?

"吗"有时也用在反问句句尾。例如:

难道我还不会说英语吗?

（2）"吧"

"吧"可加在陈述句之后,构成疑问句,表示推测、估计。例如:

她大概是葡萄牙人吧?

"吧"也可用在祈使句句尾,表示请求、命令、劝告、催促等语气。比不用"吧"的句子语气委婉些。例如:

请叫我的汉语名字吧!

"吧"还可用在句中停顿处,可表示让步、左右为难、无所谓等多种意思。例如:

就算他家有五口人吧,可你知道都有谁吗?

（3）"呢"

"呢"可用在疑问句句尾,语气比不用"呢"的疑问句更委婉一些。例如:

你是怎么去的呢?

"呢"可用在某些句子的句尾,指明事实而略带强调的意思。例如:

快考试了,我还没复习好呢!

"呢"可用在陈述句句尾,表示动作正在进行。例如:

我们正在学习汉语呢。

"呢"用在条件分句后的停顿处。例如:

她要是来呢,就跟我们一起去;要是不来呢,我们就自己去。

"语音知识"补充材料

❶ 三声变调

汉语的"三声变调"也称"上声变调"。其中包括两种情况：一是上声 [214] 处于阴平、阳平和去声之前时，变调读成 [21]。二是两个上声 [214] 连读时，前一个上声读成阳平 [35]。

上声 [214] 处在阴平、阳平、去声之前读成 [21]，可以认为是只读出了上声调值 [214] 的前一半，因此也可以称为"半上"。"半上"仍保持了上声低调的特点，只是把原来的降升调变为低降调。

上声处于另一个上声之前时读成 [35]，变得与阳平调值相同。

❷ f 和 h 的区别

声母 f 和 h 都是擦音，它们的发音方法相同，都是气流从窄缝中摩擦而出。

但它们的发音部位不同。发 f 时，下唇跟上门齿微微接触，但不咬紧；发 h 时，舌头后缩，舌根抬高，和上腭后部接近。

❸ ueng 和 ong 的区别

ueng 和 ong 的发音非常接近，只有细微的差别。

ueng 只能独立成为音节，不与声母相拼；ong 必须与声母相拼，不能独立成为音节。

发 ueng 时，开头的 u 比较窄，紧接着舌位下降到 e，然后再抬起舌根和软腭贴紧发 [ŋ]；发 ong 时，开头的 o 实际读音是 [u]，但比较松弛，开口度比 ueng 开头的 u 稍大，舌位不下降，紧接着抬起舌根和软腭贴紧发 [ŋ]。

从口型上看，ueng 的口型是由小到大；ong 的口型是先大一点儿，后小一点儿。

"汉字知识"与汉字认写

❶ "汉字知识"补充材料

汉字的形体结构可分为独体字和合体字。

独体字在字形上分解不出两个或两个以上的部件。中国传统造字法中的象形字和指事字，一般都为独体字。

所谓象形字，是用线条描绘出事物的形象，其字形与字义联系比较具体、紧密。这类字大多表示自然界和日常生活中的实物。例如：

山：⛰ （甲骨文）　　⛰ （金文）

羊：🐑 （甲骨文）　　🐑 （金文）

牛：🐂 （甲骨文）　　🐂 （金文）

鸟：🐦 （甲骨文）　　🐦 （金文）

衣：👕 （甲骨文）　　👕 （金文）

鼎：🥘 （甲骨文）　　🥘 （金文）

所谓指事字，即用抽象符号来提示字义。例如：

刃：🔪（小篆）在刀锋处加一点，表示那里是刀刃。

甘：🗣（小篆）"🗣"就是"口"，"-"是指示性符号，指出口中含着甜品，当有甘甜之义。

凶：⚠（小篆）"U"是低洼的地方，"X"是指示性符号，指出此低洼处凶险。

❷ 汉字认写注意事项

可让学生用已经学过的生字练习区分合体字和独体字，注意独体字在书写时应在田字格内居中，笔画要紧凑，不可过于松散。

"中华文化知识"补充材料

中国人的称谓极为复杂，特别是在以前多子女的时代，称谓就更为复杂。除此之外，中国人在称呼别人亲属的时候，为表示尊敬，多使用敬称，如"令尊"（称别人的父亲）、"令爱"（称别人的女儿）；而在称呼自己亲属的时候，为表示谦恭，多使用谦称，如"家父"（称自己的父亲）、"小女"（称自己的女儿）。

"练习"参考答案

一、朗读下列音节，注意声调。

本题的重点是训练学生掌握声韵拼合和四个声调。请老师先带领学生朗读，注意既要强调声母和韵母发音的准确性，又强调各个声调的调值差异和发音要领。反复领读并跟读录音，待学生跟读熟练后，再独立朗读。

二、朗读下列音节，注意每组发音的区别。

本题的重点是训练学生掌握一些韵母的发音区别。请老师先带领学生朗读。第一行领读过程中反复对前鼻音和后鼻音的发音方法进行比较，尤其要强调舌位对前后鼻音韵母发音的影响，反复领读并跟读录音，待学生跟读熟练后，再独立朗读；第二行领读过程中反复对 un 和 uan 的发音方法进行比较，尤其要强调 uan 中 a 的发音与 a 单独发音时的差异，反复领读并跟读录音，待学生跟读熟练后，再独立朗读；第三行领读过程中反复对 ua 和 uo 的发音方法进行比较，尤其要强调发 o 音时要保持圆唇，反复领读并跟读录音，待学生跟读熟练后，再独立朗读。

三、朗读下列音节，注意不送气与送气的区别。

本题的重点是训练学生掌握不送气声母和送气声母的发音区别。请老师先带领学生朗读，领读过程中反复对发音部位相同的不送气声母和送气声母进行比较，尤其要强调送气声母的发音要领。反复领读并跟读录音，待学生跟读熟练后，再独立朗读。

四、朗读下列词和短语，注意半三声的发音。

本题的重点是训练学生掌握半三声的发音。请老师先带领学生朗读，注意强调哪些三声音节应变为半三声，并强调半三声的调值。反复领读并跟读录音，待学生跟读熟练后，再独立朗读。

五、朗读下列词和短语，注意三声变调。

本题的重点是训练学生掌握三声的变调。请老师先带领学生朗读，注意强调当两个三声音节连续出现时，第一课三声音节须变为二声。反复领读并跟读录音，待学生跟读熟练后，再独立朗读。

六、听录音，画出听到的音节。

（一）1. bàng pàng √   2. bān √ pān   3. bèng √ pèng

4. bēn pēn √   5. duān √ tuān   6. dūn tūn √

7. duǒ √ tuǒ   8. dòng √ tòng   9. guǎ √ kuǎ

10. guài kuài √   11. guāng √ kuāng   12. guì √ kuì

（二）1. guān √ guàn   2. huà √ huā   3. kùn √ kūn

4. huáng　huǎng √　　5. huái　huài √　　6. guī　guì √

7. huǒ √　huó　　8. kuān √　kuǎn

七、朗读下列词语。

本题的重点是训练学生识读简单的汉字。请老师先带领学生朗读，反复领读并跟读录音，待学生跟读熟练后，再独立朗读。

八、朗读下列句子，注意语音语调。

本题的重点是训练学生识读简单的句子。请老师先带领学生朗读，待跟读熟练后，再请学生独立朗读。领读过程中须强调汉语陈述句、疑问句的句调差异。

九、熟读下列词语，并选择填空。

a. 每　b. 忙　c. 没　d. 都　e. 和　f. 口　g. 几　h. 有

1. 请问，你家有<u>几</u>口人？
2. 我哥哥<u>和</u>姐姐<u>都</u>很好。
3. 我<u>每</u>天都上课。
4. 我最近很<u>忙</u>。
5. 你<u>有</u>弟弟、妹妹吗？
6. 我家有五<u>口</u>人。
7. 我<u>没</u>有哥哥、姐姐。

十、把括号中的词语放入句子的适当位置。

1. 我每天（都）上课。
2. 罗飞龙和何爱丽（都）学汉语。
3. 罗飞龙是葡萄牙人，我（也）是葡萄牙人。
4. 我很好，我哥哥、姐姐（也）很好。
5. 陈教授和杨老师（都）是中国人。
6. 马修文和罗飞龙（都）有弟弟、妹妹。
7. 我们（都）很忙。
8. 何爱丽（没有）哥哥、姐姐。
9. 我们（没有）汉语课。
10. 他们（没有）葡萄牙语名字。

十一、完成会话。

1. A：请问，<u>你家有几口人</u>？
   B：<u>我家有五口人。爸爸、妈妈、哥哥、姐姐和我</u>。

2. A：你爸爸、妈妈好吗？
   B：<u>他们很好</u>。
   A：<u>你哥哥和姐姐也好吗</u>？
   B：他们也都很好。
   A：你有弟弟、妹妹吗？
   B：<u>我没有弟弟、妹妹</u>。

3. A：陈教授，<u>早上好</u>。
   B：早上好。
   A：<u>您最近忙吗</u>？
   B：很忙。<u>每天都上课</u>。
   A：请问，<u>杨老师好吗</u>？
   B：杨老师很好。

十二、根据课文内容回答问题。

1. 何爱丽家有几口人？
   答：何爱丽家有五口人。

2. 何爱丽的爸爸、妈妈好吗？
   答：他们都很好。

3. 何爱丽的哥哥、姐姐也好吗？
   答：他们也都很好。

4. 罗飞龙家有几口人？
   答：罗飞龙家也有五口人。

5. 罗飞龙有哥哥、姐姐吗？
   答：罗飞龙没有哥哥、姐姐。

6. 杨老师最近忙吗?
   答：杨老师最近很忙。

7. 杨老师每天都做什么?
   答：杨老师每天都上课。

8. 陈教授最近好吗?
   答：陈教授最近很好。

十三、看图说话。

本课的看图说话练习主要是介绍自己的家庭情况，其中包括有哪些家人、家人的年龄和职业等。作为课堂练习，要注意提醒学生结合具体情境进行会话，并注意重点词语、重点句型的使用与操练。

十四、回答问题。

本题旨在训练学生掌握如何用汉语提问和陈述家庭情况。本练习可作为课堂练习，在课堂上由老师指导进行，也可作为书面作业，请学生用汉字或拼音作答。

十五、口头表达。

本题旨在训练学生掌握如何用汉语介绍家人。本练习为课堂练习，进行练习前，老师可先带领学生复习本课出现的相关词语和句式，并给出范例，然后请学生分组讨论，最后再请学生作答。

十六、汉字认写练习。

要求学生注意字形的联系与区别，注意汉字的偏旁、笔顺，并在田字格中工整书写。对字形复杂、笔画较多的字要重点示范与讲解。

第四课　那是谁？

教学目的与教学重点

❶ 功能项目（交际话题）

　　掌握"指认人和介绍别人"的功能项目，并熟练运用于日常交际。

❷ 重点词语、重点句型

　　（1）重点词语：疑问代词"谁"，指示代词"那"，量词"个、位"，副词"就、不"。
　　（2）用"不"的否定句。

❸ 语音

　　（1）声母：j、q、x

　　　　注意 j 和 q 的区别：j 为不送气音，q 为送气音。

　　　　j 和 q 为塞擦音，发音时有阻塞的过程，而 x 为擦音，发音的全过程不形成阻塞。

　　（2）韵母：ia、ie、iao、iou、ian、in、iang、ing、iong、üe、üan、ün

　　　　注意 iou（iu）和 uei（ui）的发音受声母和声调的影响。

　　　　ie 和 üe 的区别。

　　　　in 和 ing 的区别。

　　（3）"一"的变调。

　　　　① 一 + { ˉ / ˇ } → ˋ + { ˉ ˊ ˇ }

　　　　② 一 + ˋ → ˊ + ˋ

　　（4）"不"的变调。

　　　　① 不 + { ˉ ˊ ˇ } → ˋ + { ˉ ˊ ˇ }

　　　　② 不 + ˋ → ˊ + ˋ

④ 汉字（汉字知识与汉字认写）
（1）能够熟练、正确地认读并书写本课生字。
（2）了解汉字形体结构的分类，以及合体字的特点。

⑤ 中华文化知识
了解中国汉族人姓名的特点以及起名字时的用字喜好。

教学步骤

① 复习并导入新课
重点检查前一课的语音、生词、句型、功能的掌握情况，发现问题及时纠正。以提问法、情景设置法等导入新课。

② 语音处理
以单音演示的方式展示本课的语音内容，如声母、韵母、声调、"一"、"不"变调等。教师演示领读，学生模仿跟读。教学中可采用学生齐读、个别读、老师纠音、学生辨音、辨调的方法。

③ 生词处理
教师按一定的顺序及位置展示生词，生词出现的顺序及位置应便于学生记忆并有利于学习句型或课文。

教师示范领读，学生齐读或个别读，教师及时纠正不正确的发音。

对课文中的实词可进行搭配扩展，对课文中的虚词可进行语用扩展。扩展的主要方式有听说、问答、情景引导等。

对于重点词语，教师可给出2~3个例句让学生模仿操练，使学生逐步领会该词语的含义及用法，教师在此基础上总结该词语的使用规则及语言结构。

④ 重点词语和句型讲练
（1）讲练疑问代词"谁"，注意向学生说明"谁"只能用于就"人"进行提问，且没有复数形式。

（2）讲练用"不"构成的疑问句，注意向学生说明"不"字不仅可以用在动词前，还可以用在形容词前构成否定句，如"他不忙"。"不"用在表示动作行为的动词前表否定时，只适用于现在和未来的情况，不适用于过去的情况。注意提醒"有"字的否定为"没有"，不可以用"不"。

❺ 语法点处理

教师可通过问答、情景引导、句型转换、句子合成等不同方式导入新课的语法点。导入新语法点所使用的例句应具有典型性并贴近日常生活。

在学生理解语法点的意义、掌握语法点的结构和使用条件的基础上，让学生就该语法点进行大量的操练。操练的形式可包含理解性练习、模仿性练习、记忆性练习和交际性练习等。

为便于学生记住并掌握语法点，教师可利用公式、表格、符号等总结归纳出该语法点的结构、语义及使用条件。

❻ 课文讲练

在学生课前预习的基础上，让学生朗读课文。教师示范领读，学生模仿跟读，教师及时纠正不正确的发音。

对于课文中学生不理解的地方，可请学生提问，其他学生答疑，其他学生不能答疑的，教师再答疑。

教师采用提问的方法，检查学生对课文是否理解。

让学生使用课文中所学习的生词、句型、语法点，按照课文所学习的交际功能项目，分角色表演课文内容。鼓励学生在背诵课文的基础上活用课文，并将所学应用于实际交际之中。

❼ 汉字知识讲解与汉字认写指导

汉字知识扼要讲解即可，引导学生观察并总结出字的特点，并做书写示范，引导学生正确规范地书写汉字。

❽ 中华文化知识讲解

注意向学生说明，中国人姓名的排列顺序为姓在前，名在后。可用课本中人物的姓名做例子，展示中国人取名用字的文化背景。也可提醒学生，现在人们取名已经不限于一个字或两个字，出现了一些三个字甚至四个字的名。注意提示学生对照葡文或英文掌握本部分材料的基本内容。

❾ 练习指导与检查

无论是课堂练习还是布置学生课下完成的练习，都应做有针对性的提示和指导。检查可在下次导入新课之前进行,对有普遍性的错误要重点讲解和纠正,并辅以适当的操练。

"词句解释"与"语法"补充材料

❶ 指示代词"那"和"这"

"那"和"这"是两个最常用的指示代词。可以单独指代单数的人或物。例如:

这是陈教授。

那是我弟弟。

"那"和"这"也可以和量词或数量词结合起来使用,有确指的作用。例如:

这个人我认识。

那两本书我看过。

❷ 用"不"的部分否定和完全否定

否定副词"不"可以用在动词、形容词前边表示否定的意思。除此之外,"不"也可以用在其他副词前边或后边表示否定,用在副词前边的表示部分否定,用在副词后边的表示完全否定。例如:

我们不都是葡萄牙学生。(有的是葡萄牙学生,有的不是葡萄牙学生)

我们都不是葡萄牙学生。(没有人是葡萄牙学生)

我不太好。(比较好,还没有达到很好)

我很不好。(非常不好)

"语音知识"补充材料

❶ "一"的变调

(1)"一"单念或用在句尾,或表示序数时,读它的原调阴平。例如:

一二三、万一、第一排、一楼

(2)"一"在阴平前读去声。例如:

一些、一张、一支、一斤

(3)"一"在阳平前读去声。例如:

一年、一行、一程、一打

（4）"一"在上声前读去声。例如：

一点、一把、一本、一两

（5）"一"在去声前读阳平。例如：

一块、一切、一件、一辆

（6）"一"夹在词语中读轻声。例如：

看一看、听一听、试一试、等一等

❷ "不"的变调

（1）"不"单念或在词句末尾，读原调去声。例如：

不、就不、我偏不

（2）"不"在阴平前读原调去声。例如：

不黑、不听、不香

（3）"不"在阳平前读原调去声。例如：

不灵、不咸、不凉

（4）"不"在上声前读原调去声。例如：

不好、不冷、不敢

（5）"不"在去声前，读阳平。例如：

不对、不去、不怕

（6）"不"夹在词语中间读轻声。例如：

吃不了、了不起、去不去

❸ 舌面音 j、q、x 的发音

发舌面音 j、q、x 时，舌尖要前伸下垂，抵住下门齿背，舌面前部向上，和硬腭前部贴紧，然后突然放松一点儿，形成窄缝，让气流由窄缝中挤出。发音过程中要注意：舌尖要贴住下齿背不动，才能保证发音准确。

❹ iou（iu）和 uei（ui）的发音

iou 和 uei 这两个韵母常受声母和声调的影响，音质发生细微的变化。

iou 自成音节或与声母相拼，遇到阴平、阳平时，中间的元音接近消失；遇到上声、去声时，中间的元音就很明显。

uei 自成音节或与 g、k、h 相拼，遇到阴平、阳平时，当中的元音会减弱；遇到上声、去声时，中间的元音就很明显。与 d、t、n、l、z、c、s、zh、ch、sh、r 相拼，遇到阴平、阳平时，中间的元音消失；遇到上声、去声时，中间的元音减弱。

❺ ie 和 üe 的区别

发 ie 和 üe 这两个韵母时，开口度由小到大，发音结束时，嘴是半张开的，上下齿的距离约有一拇指宽，应注意防止发音未完时过早地把嘴闭拢。

发 ie 和 üe 这两个韵母时，还要注意它们韵头口型的圆扁差别。发 ie 时，嘴角始终向两边展开；发 üe 时，嘴唇先拢圆，再逐渐向两边展开。

"汉字知识"与汉字认写

❶ "汉字知识"补充材料

现代汉字多数为合体字，百分之九十左右的合体字是形声字。

形声字是由形符和声符组成的，形符表示大致的字义类属，声符表示字的读音（或近似的读音）。例如：

斧：由形符"斤"和声符"父"组成。"斤"的甲骨文 ，像斧子的形状，表示它的类属；读音如"父"。

切：由形符"刀"和声符"七"组成。形符"刀"表示跟刀有关系，"七"是"切"的近似音。

湖：由形符"三点水"和声符"胡"组成。形符"三点水"表示跟水有关系，读音如"胡"。

暂：由形符"日"和声符"斩"组成。形符"日"表示跟时间有关系，读音近似"斩"。

合体字除了形声字以外，还有一部分是会意字。会意字由两个或两个以上的图形组合出字义。例如：

采： （甲骨文）、 （金文），以"爪"和"木"两个象形字组成，意思是用手采摘。

则： （金文），有"鼎"和"刀"两个象形字组成，用"刀"在"鼎"上刻字，所刻之字即章"则"、法"则"。

涉： （甲骨文）、 （金文），由"水"和两个"足"字组成，人的两只脚分别在水的两侧，表示徒步涉水的意思。

盥： （甲骨文）、 （金文），由"皿"、"水"和两只"手"组成，"皿"中有"水"，两只"手"在"皿"中洗，意为"盥洗"。

❷ 汉字认写注意事项

注意提醒学生，合体字虽然由多个部件组成，但仍然是一个字，各部件间不可距离过远。可用已经学过的汉字做例子，让学生练习找出合体字的构字部件。

"中华文化知识"补充材料

《百家姓》

《百家姓》是中国古代的一本关于姓氏的书。据文献记载，这本书成书于北宋初年，原收集单姓和复姓的姓氏400余个，后增补到500个以上。《百家姓》与《三字经》、《千字文》合称"三百千"，是中国古代的幼儿启蒙读物。《百家姓》采用四言体例，对姓氏进行了排列，虽然它的内容没有文理，但每句都合辙押韵，读起来朗朗上口，对于中国姓氏文化的传承起到了积极的作用。

第一排				第二排				第三排				第四排				第五排			
赵	钱	孙	李	周	吴	郑	王	冯	陈	褚	卫	蒋	沈	韩	杨	朱	秦	尤	许
何	吕	施	张	孔	曹	严	华	金	魏	陶	姜	戚	谢	邹	喻	柏	水	窦	章
云	苏	潘	葛	奚	范	彭	郎	鲁	韦	昌	马	苗	凤	花	方	俞	任	袁	柳
酆	鲍	史	唐	费	廉	岑	薛	雷	贺	倪	汤	滕	殷	罗	毕	郝	邬	安	常
乐	于	时	傅	皮	卞	齐	康	伍	余	元	卜	顾	孟	平	黄	和	穆	萧	尹
姚	邵	湛	汪	祁	毛	禹	狄	米	贝	明	臧	计	伏	成	戴	谈	宋	茅	庞
熊	纪	舒	屈	项	祝	董	梁	杜	阮	蓝	闵	席	季	麻	强	贾	路	娄	危
江	童	颜	郭	梅	盛	林	刁	钟	徐	邱	骆	高	夏	蔡	田	樊	胡	凌	霍
虞	万	支	柯	昝	管	卢	莫	经	房	裘	缪	干	解	应	宗	丁	宣	贲	邓
郁	单	杭	洪	包	诸	左	石	崔	吉	钮	龚	程	嵇	邢	滑	裴	陆	荣	翁
荀	羊	於	惠	甄	麴	家	封	芮	羿	储	靳	汲	邴	糜	松	井	段	富	巫
乌	焦	巴	弓	牧	隗	山	谷	车	侯	宓	蓬	全	郗	班	仰	秋	仲	伊	宫
宁	仇	栾	暴	甘	钭	厉	戎	祖	武	符	刘	景	詹	束	龙	叶	幸	司	韶
郜	黎	蓟	薄	印	宿	白	怀	蒲	邰	从	鄂	索	咸	籍	赖	卓	蔺	屠	蒙
池	乔	阴	鬱	胥	能	苍	双	闻	莘	党	翟	谭	贡	劳	逄	姬	申	扶	堵
冉	宰	郦	雍	郤	璩	桑	桂	濮	牛	寿	通	边	扈	燕	冀	郏	浦	尚	农
温	别	庄	晏	柴	瞿	阎	充	慕	连	茹	习	宦	艾	鱼	容	向	古	易	慎
戈	廖	庾	终	暨	居	衡	步	都	耿	满	弘	匡	国	文	寇	广	禄	阙	东
殴	殳	沃	利	蔚	越	夔	隆	师	巩	库	聂	晁	勾	敖	融	冷	訾	辛	阚
那	简	饶	空	曾	毋	沙	乜	养	鞠	须	丰	巢	关	蒯	相	查	後	荆	红

(续表)

游	竺	权	逯	盖	益	桓	公	万俟	司马	上官	欧阳	夏侯	诸葛
闻人	东方	赫连	皇甫		尉迟	公羊		澹台	公冶	宗政		濮阳	
淳于	单于	太叔	申屠		公孙	仲孙		轩辕	令狐	钟离		宇文	
长孙	慕容	鲜于	闾丘		司徒	司空		亓官	司寇	仉	督	子车	
颛孙	端木	巫马	公西		漆雕	乐正		壤驷	公良	拓跋		夹谷	
宰父	谷梁	晋	楚	闫	法	汝	鄢	涂	钦	段干	百里	东郭	南门
呼延	归	海	羊舌		微生	岳	帅	缑	亢	况	后	有	琴	梁丘	左丘
东门	西门	商	牟	佘	佴	伯	赏	南宫	墨	哈	谯	笪	年	爱	阳	佟
第五	言	福											

"练习"参考答案

一、朗读下列音节，注意声调。

本题的重点是训练学生掌握声韵拼合和四个声调。请老师先带领学生朗读，注意既要强调声母和韵母发音的准确性，又强调各个声调的调值差异和发音要领。反复领读并跟读录音，待学生跟读熟练后，再独立朗读。

二、朗读下列音节，注意每组发音的区别。

本题的重点是训练学生掌握一些易混淆韵母的发音区别。请老师先带领学生朗读，领读过程中反复对不同韵母的发音方法进行比较，尤其要强调舌位和唇形对韵母发音的影响。反复领读并跟读录音，待学生跟读熟练后，再独立朗读。

三、听录音，画出听到的音节。

（一）1. jiā ✓　qiā　　　2. jié ✓　qié　　　3. jiǎn　qiǎn ✓

4. jìn　qìn ✓　　　5. qiǎo　xiǎo ✓　　　6. qiū ✓　xiū

7. qiáng ✓　xiáng　　　8. qìng　xìng ✓　　　9. jiōng　xiōng ✓

10. jué ✓　xué　　　11. juǎn　xuǎn ✓　　　12. jùn ✓　xùn

（二）1. jiā　jiǎ ✓　　　2. xiǎo　xiào ✓　　　3. qiū ✓　qiú

4. xiè √ xiě	5. qín qīn √	6. jīng jìng √
7. xiáng √ xiǎng	8. qiǎn qián √	9. jué juè √
10. xióng √ xiōng	11. quǎn quán √	12. jùn jūn √

四、朗读下列词和短语，注意"一"的变调。

本题的重点是训练学生掌握"一"的变调。请老师先带领学生朗读，注意强调"一"的变调规则。反复领读并跟读录音，待学生跟读熟练后，再独立朗读。

五、朗读下列词和短语，注意"不"的变调。

本题的重点是训练学生掌握"不"的变调。请老师先带领学生朗读，注意强调"不"的变调规则。反复领读并跟读录音，待学生跟读熟练后，再独立朗读。

六、朗读下列词语。

本题的重点是训练学生识读简单的汉字。请老师先带领学生朗读，反复领读并跟读录音，待学生跟读熟练后，再独立朗读。

七、朗读下列句子，注意语音语调。

本题的重点是训练学生识读简单的句子。请老师先带领学生朗读，反复领读并跟读录音，待跟读熟练后，再请学生独立朗读。领读过程中须强调汉语陈述句、疑问句的句调差异。

八、熟读下列词语，并选择填空。

a. 高兴 b. 认识 c. 什么 d. 教 e. 不 f. 就 g. 谁 h. 那

1. 请问，<u>谁</u>是罗飞龙？
2. <u>那</u>位先生<u>就</u>是陈教授。
3. 杨老师<u>教</u>二年级的历史课。
4. 你<u>认识</u>何爱丽吗？
5. 他是北京人，<u>不</u>是澳门人。
6. 陈教授教<u>什么</u>课？
7. 那位女士<u>就</u>是安梅兰。
8. 认识您我也很<u>高兴</u>。

九、将下列句子变成含"不"的否定句。

1. 她是澳门人。
   她不是澳门人。

2. 杨老师教二年级的历史课。
   杨老师不教二年级的历史课。

3. 刘大江认识陈教授。
   刘大江不认识陈教授。

4. 李嘉玲学习葡萄牙语。
   李嘉玲不学习葡萄牙语。

5. 那位先生是陈教授。
   那位先生不是陈教授。

6. 杨老师是南方人。
   杨老师不是南方人。

7. 我最近很忙。
   我最近不忙。

8. 罗飞龙和何爱丽学习英语。
   罗飞龙和何爱丽不学习英语。

十、完成会话。

1. A：你看,那是谁?
   B：哪位?
   A：就是那位女士。
   B：噢,那位是杨老师。

2. A：她是澳门人吗?
   B：不是,她是北京人。

A：杨老师教什么课？
　　B：杨老师教历史课。

3. A：你认识陈教授吗？
　　B：认识。那位先生就是。

4. A：陈教授，您好！
　　B：大江同学，你好！这位同学是……
　　B：这位是李嘉玲同学，广州人，她学习葡萄牙语。

5. A：你好！认识你很高兴。
　　B：陈教授，认识您我也很高兴。

十一、根据课文内容回答问题。

1. 那位女士是谁？
答：那位女士是杨老师。

2. 杨老师是澳门人吗？
答：杨老师不是澳门人。她是北京人。

3. 杨老师教什么课？
答：杨老师教历史课。

4. 刘大江认识陈教授吗？
答：刘大江认识陈教授。

5. 罗飞龙是哪里人？
答：罗飞龙是葡萄牙人。

6. 罗飞龙学习什么？
答：罗飞龙学习汉语。

十二、看图说话。

本课的看图说话练习主要针对指认和介绍他人。作为课堂练习，要注意提醒学生结合具体情境进行会话，并注意重点词语、重点句型的使用与操练。

十三、口头表达。

本题旨在让学生练习如何用汉语介绍一个人。本练习为课堂练习，进行练习前，老师可先带领学生复习本课出现的相关词语和句式，并给出范例，然后请学生分组讨论，最后再请学生作答。

十四、汉字认写练习。

要求学生注意字形的联系与区别，注意汉字的偏旁、笔顺，并在田字格中工整书写。对字形复杂、笔画较多的字要重点示范与讲解。

单元练习一（第1～4课）参考答案

一、朗读下列音节，注意声调。

本题的重点是训练学生掌握声韵拼合和四个声调。请老师先带领学生朗读，注意既要强调声母和韵母发音的准确性，又要强调各个声调的调值差异和发音要领。反复领读并跟读录音，待学生跟读熟练后，再独立朗读。

二、朗读下列词语，注意不送气与送气的区别。

本题的重点是训练学生掌握不送气声母和送气声母的发音区别。请老师先带领学生朗读，领读过程中反复对发音部位相同的不送气声母和送气声母进行比较，尤其要强调送气声母的发音要领。反复领读并跟读录音，待学生跟读熟练后，再独立朗读。

三、朗读下列词语，注意单韵母发音和声调的区别。

本题的重点是训练学生掌握单韵母和四个声调的发音。请老师先带领学生朗读，注意既要强调声母和韵母发音的准确性，又要强调各个声调的调值差异和发音要领。反复领读并跟读录音，待学生跟读熟练后，再独立朗读。

四、朗读下列词和短语，注意复韵母发音和声调的区别。

本题的重点是训练学生掌握复韵母和四个声调的发音。请老师先带领学生朗读，注意既要强调声母和韵母发音的准确性，又要强调各个声调的调值差异和发音要领。反复领读并跟读录音，待学生跟读熟练后，再独立朗读。

五、朗读下列词语，注意鼻韵母发音和声调的区别。

本题的重点是训练学生掌握鼻韵母和四个声调的发音。请老师先带领学生朗读，注意既要强调前鼻音韵母和后鼻音韵母的区别，又要强调各个声调的调值差异和发音要领。反复领读并跟读录音，待学生跟读熟练后，再独立朗读。

六、朗读下列词语，注意轻声。

本题的重点是训练学生掌握轻声的发音。请老师先带领学生朗读，注意强调轻声在各个声调后的调值差异及又轻又短的发音特点。反复领读并跟读录音，待学生跟读熟练后，再独立朗读。

七、朗读下列词语，注意半三声的发音。

本题的重点是训练学生掌握半三声的发音。请老师先带领学生朗读，注意强调哪些三声音节应变为半三声，并强调半三声的调值。反复领读并跟读录音，待学生跟读熟练后，再独立朗读。

八、朗读下列词语，注意三声变调。

本题的重点是训练学生掌握三声的变调。请老师先带领学生朗读，注意强调当两个三声音节连续出现时，第一个三声音节须变为二声。反复领读并跟读录音，待学生跟读熟练后，再独立朗读。

九、朗读下列词和短语，注意"一"的变调。

本题的重点是训练学生掌握"一"的变调。请老师先带领学生朗读，注意强调"一"的变调规则。反复领读并跟读录音，待学生跟读熟练后，再独立朗读。

十、朗读下列词和短语，注意"不"的变调。

本题的重点是训练学生掌握"不"的变调。请老师先带领学生朗读，注意强调"不"的变调规则。反复领读并跟读录音，待学生跟读熟练后，再独立朗读。

十一、听录音，画出听到的音节，注意声母的发音。

1. bá √　pá
2. bō　pō √
3. bái　pái √
4. bèng √　pèng
5. bāo　pāo √
6. bàn √　pàn
7. bǎng √　pǎng
8. bēn √　pēn
9. dōu　tōu √
10. dài √　tài
11. dān √　tān
12. dēng　tēng √
13. duān　tuān √
14. dūn √　tūn
15. duǒ √　tuǒ

16. dòng ✓　tòng　　17. lài ✓　nài　　18. lěi ✓　něi

19. lán　nán ✓　　20. lóng　nóng ✓　　21. guǎ ✓　kuǎ

22. guài ✓　kuài　　23. guāng ✓　kuāng　　24. guì　kuì ✓

25. jiā　qiā ✓　　26. jié ✓　qié　　27. jiǎn　qiǎn ✓

28. jìn ✓　qìn　　29. qiǎo ✓　xiǎo　　30. qiū　xiū ✓

31. qiáng ✓　xiáng　　32. qìng　xìng ✓

十二、听录音，画出听到的音节，注意声调。

1. bà ✓　bā　　2. pó ✓　pǒ　　3. mō　mò ✓

4. bí　bì ✓　　5. pù ✓　pǔ　　6. dāi　dài ✓

7. tāo　tào ✓　　8. nóng ✓　nòng　　9. lǎn　lán ✓

10. tōu ✓　tòu　　11. dēi　děi ✓　　12. náng ✓　nǎng

13. guān ✓　guàn　　14. huà ✓　huā　　15. kùn　kūn ✓

16. huáng　huǎng ✓　　17. huái　huài ✓　　18. guī　guì ✓

19. huǒ　huó ✓　　20. kuān　kuǎn ✓　　21. jiā　jiǎ ✓

22. xiǎo ✓　xiào　　23. qiū　qiú ✓　　24. xiè ✓　xiě

25. jué ✓　juè　　26. xióng　xiōng ✓　　27. quǎn ✓　quán

28. jùn　jūn ✓　　29. qín　qīn ✓　　30. jīng　jìng ✓

31. xiáng ✓　xiǎng　　32. qiǎn ✓　qián

十三、听录音，画出听到的词和短语。

1. fābào　fāpào ✓　　2. fābái　fāpái ✓

3. duìhuàn ✓　tuìhuàn　　4. diàodòng ✓　tiàodòng

5. tóugǎo　tóukǎo ✓　　6. kègǔ　kèkǔ ✓

7. dànù ✓　dàlù　　8. nǔkè　lǔkè ✓

9. bǐyì ✓　bǐyù　　10. bànlǐ　bànlǚ ✓

11. liánxì　liánxù ✓　　12. bùjí ✓　bùjú

13. wūní　yūní ✓　　14. lǐngwù ✓　lǐngyù

单元练习一（第1~4课）参考答案

15. jìlù ✓   jǐlù
16. xiàwǔ   xiàyǔ ✓
17. bǎibù   běibù ✓
18. láidiàn ✓   léidiàn
19. nàihé   nèihé ✓
20. xiǎomài ✓   xiǎomèi
21. huádòng ✓   huódòng
22. xiéwà   xiéwò ✓
23. jìnghuà ✓   jìnhuò
24. guà le ✓   guò le
25. xiāoxi   xiūxi ✓
26. yàopiàn ✓   yòupiàn
27. yáoyán   yóuyán ✓
28. tuīxiāo   tuìxiū ✓
29. xiějǐng ✓   xuějǐng
30. bànyè ✓   bànyuè
31. mǎi xié   mǎi xuē ✓
32. lièwèi ✓   lüèwēi
33. fǎnwèn ✓   fǎngwèn
34. dānxīn   dāngxīn ✓
35. kāifàn ✓   kāifàng
36. xīnfán   xīnfáng ✓
37. qìfēn   qìfēng ✓
38. guāfēn   guāfēng ✓
39. mùpén   mùpéng ✓
40. qìmén ✓   qǐméng
41. pínfán   píngfán ✓
42. bú xìn ✓   bú xìng
43. hěn jìn   hěn jìng ✓
44. hěn qīn ✓   hěn qīng
45. guānmín ✓   guāngmíng
46. jīguān ✓   jīguāng
47. bù huān   bù huāng ✓
48. chún wán   cúnwáng ✓
49. qiǎnxiǎn   qiǎngxiǎn ✓
50. xiānhuā ✓   xiānghuā
51. jiǎnlì ✓   jiǎnglì
52. lǎonián   lǎoniáng ✓
53. zhǔn le ✓   zhǒng le
54. tūn le ✓   tōng le
55. méi dùn   méi dòng ✓
56. méi kùn   méi kòng ✓
57. yíhàn ✓   yíhèn
58. fānkāi ✓   fēnkāi
59. hányǎng   hěn yǎng ✓
60. kǎnle ✓   kěnle
61. dōngfāng   dōngfēng ✓
62. kāifàng ✓   kāifèng
63. gāodàng ✓   gāodèng
64. bù dǎng   bùděng ✓
65. wú yán   wúyuán ✓
66. yǒu qián   yǒu quán ✓
67. yì qiān ✓   yì quān
68. qiántou ✓   quántou
69. báiyín ✓   báiyún
70. yángqín ✓   yángqún
71. tōngxìn   tōngxùn ✓
72. bùjīn   bù jūn ✓

十四、用1~4课的生词填空。

1. 陈教授，您<u>最</u>近好吗？
2. 请问，你叫<u>什么</u>名字？
3. 你的中文名字真<u>不错</u>！
4. 请问，你是<u>哪</u>国人？
5. 老师，您<u>贵</u>姓？
6. 我是葡萄牙人，我<u>学习</u>汉语。
7. 我是北京人，你是<u>哪里</u>人？
8. 我是俄罗斯人，<u>从</u>莫斯科来。
9. 请问，你家有<u>几</u>口人？
10. 我每天<u>都</u>上课。
11. 陈教授，<u>认识</u>您我也很高兴。
12. 请问，杨老师<u>教</u>什么课？

十五、用"没有"或"不"将下列句子变成否定句。

1. 我有哥哥、姐姐。
   我没有哥哥、姐姐。
2. 他家有五口人。
   他家没有五口人。
3. 我们都认识陈教授。
   我们都不认识陈教授。
4. 那位女士是杨老师。
   那位女士不是杨老师。
5. 刘老师教历史课。
   刘老师不教历史课。
6. 罗飞龙和何爱丽都是葡萄牙人。
   罗飞龙和何爱丽都不是葡萄牙人。
7. 马修文和安梅兰都学习汉语。
   马修文和安梅兰都不学习汉语。
8. 同学们最近很忙。
   同学们最近不忙。
9. 我们很高兴。
   我们不高兴。

单元练习一（第1~4课）参考答案

十六、用"也"或"都"填空。

1. 罗飞龙是葡萄牙人，何爱丽<u>也</u>是葡萄牙人。
2. 罗飞龙和何爱丽<u>都</u>是葡萄牙人。
3. 我有弟弟、妹妹，你<u>也</u>有弟弟、妹妹吗？
4. 我们<u>都</u>有弟弟、妹妹。
5. 你学习汉语，你哥哥<u>也</u>学习汉语吗？
6. 我和我哥哥<u>都</u>学习汉语。
7. 他很忙，我<u>也</u>很忙。
8. 我们<u>都</u>很忙。
9. 他们很忙，我们<u>也</u>很忙。

十七、完成会话。

1. 罗飞龙：你好，何爱丽！
   何爱丽：<u>你好</u>！

2. 马修文：<u>老师</u>，<u>您好</u>！
   杨老师：你好！

3. 安梅兰：陈教授，<u>您好吗</u>？
   陈教授：我很好。<u>你呢</u>，梅兰同学？
   安梅兰：<u>我也很好</u>。

4. A：你好！
   B：你好！
   A：请问，<u>你叫什么名字</u>？
   B：我叫<u>安梅兰</u>。你呢？
   A：我叫罗飞龙。
   B：<u>你是哪国人</u>？
   A：我是葡萄牙人。<u>你呢</u>？
   B：我是俄罗斯人。我从<u>莫斯科</u>来。

5. A：请问，<u>您贵姓</u>？
   B：我姓杨。<u>您贵姓</u>？

A：我姓刘，叫刘大江。你是哪里人？

B：我是北京人。你是北京人吗？

A：不是，我是南京人。

6. A：我叫罗飞龙。我是葡萄牙人。我学习汉语。

B：我叫安梅兰。我是俄罗斯人。我也学习汉语。

7. A：你好！你家有几口人？

B：我家有五口人。爸爸、妈妈、哥哥、姐姐和我。

A：你爸爸、妈妈好吗？

B：他们都很好。

A：你哥哥和姐姐也好吗？

B：他们也很好。你的家人好吗？

A：他们都很好。

8. A：杨老师，您好！

B：你好！

A：您最近忙吗？

B：很忙。每天都上课。

A：陈教授好吗？

B：陈教授很好。

9. A：请问，那位女士是谁？

B：那是杨老师。

A：她是北京人吗？

B：不是，她不是北京人。她是南京人。

10. A：你好！你认识陈教授吗？

B：认识。这位老师就是。

C：你好！这位男同学是……

B：他叫罗飞龙，葡萄牙人，学汉语。

C：你好！认识你很高兴。

A：认识您我也很高兴。

十八、回答问题。

本题旨在复习就本单元所学话题进行问答。本题为课堂练习，练习前，老师可先带领学生复习本单元出现的相关词语和句式，并给出范例，然后请学生分组讨论，最后再请学生作答。

十九、口头表达练习。

本题旨在复习本单元学过的口头表达内容。本题为课堂练习，练习前，老师可先带领学生复习本单元出现的相关词语和句式，并给出范例，然后请学生分组讨论，最后再请学生作答。

第五课　你打算做什么工作？

教学目的与教学重点

❶ 功能项目（交际话题）

掌握"询问工作或职业、询问年龄"的功能项目，能就一般常见的职业及工作场所、人的年龄等内容进行比较清楚的表达和问答交际。

❷ 重点词语、重点句型

（1）重点词语：

"医生、律师、工程师、护士、老师"等职业类名词，"医院、小学、中学、大学"等工作场所类名词，"做、是、当、教、工作"等表示从事工作类动词。

（2）用"多"来询问程度或数量的疑问句。

（3）用"打算"表示考虑或计划的句子。

（4）表示位置的"在"字句。

（5）名词谓语句。

（6）100以内数字的表达。

❸ 语音

（1）声母 z、c、s、zh、ch、sh、r 的发音要领。

（2）韵母 i、-i[ɿ]、-i[ʅ]、er 的发音要领。

（3）声韵拼合。

注意 z、c、s 只能与舌尖前的 -i[ɿ] 相拼，不能与舌尖后的 -i[ʅ] 相拼；而 zh、ch、sh、r 则相反，只能与舌尖后的 -i[ʅ] 相拼，不能与舌尖前的 -i[ɿ] 相拼。并非所有音节都有四个声调，ri 就只有第四声。

❹ 汉字（汉字知识与汉字认写）

（1）能够熟练、正确地认读并书写本课生字。

（2）了解汉字常见偏旁：提手旁、双耳旁、心字底、双人旁、言字旁和绞丝旁。

❺ 中华文化知识

了解中国十二生肖的知识，了解中国人用来代表人的出生年份的十二种动物，及其代表的中国民俗文化意义。引导学生以此与本民族的星座表示月日等文化习俗对比，找出中外风俗习惯、思维模式、审美情趣等方面的异同，从而引发学生进行中外文化对比的思考，增强进一步学习中国语言文化的兴趣。

教学步骤

❶ 复习并导入新课

重点检查第一单元(前四课)的语音、生词、句型、功能的掌握情况,发现问题及时纠正。以提问法、情景设置法等导入新课。

❷ 语音处理

本课开始进入语音学习的总结和正音阶段。在继续练习单音的基础上,应以相应的语音知识正确指导发音。平舌音和卷舌音的区别是本课语音训练的重点和难点。教师可用伸展和蜷曲的手势,一边发音,一边向学生模拟演示舌位,让学生在强烈对比中加深印象,体会发音部位,清楚辨识。在强调二者之间区别的同时,也要提醒学生发卷舌音不可把舌头卷得太厉害。r 与 sh 的区别则在于声带振动与否。声母卷舌音之外,韵母卷舌音 er 的发音相对较易掌握,但需提示学生发 er 音时的开口度。教师需要反复示范、带读和纠正,排除学生的母语干扰。

❸ 生词处理

在已布置学生预习的基础上,通过领读、轮读、抽读等方式进一步掌握生词的读音。注意语音纠正,并强化词语扩展练习。

❹ 语法点处理

教师可通过问答、情景引导、句型转换、句子合成等不同方式导入新课的语法点。导入新语法点所使用的例句应具有典型性并贴近日常生活。

在学生理解语法点的意义、掌握语法点的结构和使用条件的基础上,让学生就该语法点进行大量的操练。操练的形式可包含理解性练习、模仿性练习、记忆性练习和交际性练习等。

为便于学生记住并掌握语法点,教师可利用公式、表格、符号等总结归纳出该语法点的结构、语义及使用条件。

❺ 重点词语和句型讲练

(1)讲练"医生、律师、工程师、护士、老师"等职业类名词,"医院、小学、中学、大学"等工作场所类名词,"做、是、当、教、工作"等表示从事工作类动词。注意重点词语的引入方式和练习方式、练习强度。

(2)讲练用"多"的疑问句、用"打算"表示考虑或计划的句子、表示位置的"在"

字句以及名词谓语句。句型的引入方式宜与功能项目相结合。可通过视频、图画等方式设置交际任务情境，引导学生在问答中有意识地使用句型并多次替换练习。启发学生尽可能多地列举出"'在'+处所"的句子；名词谓语句学过的不多，不要求学生自己造句，可列出学过的，让学生朗读、记熟。

（3）100以内的数字应让学生熟练掌握。教授时可启发学生找出汉语数字1~100的组成规律，快速记忆。数字在日常生活中使用广泛，可采取课堂游戏等办法，训练学生迅速反应并正确说出数字。

（4）简单提示连词"和"的用法限制。本课课文中出现了使用"和"的句子，连词"和"语义明确，不设为语法专项，但应提示"和"与葡文中的"e"和英文中的"and"用法上有所不同，"和"只用来连接两个名词或名词性短语，不能连接作为谓语的动词、形容词，也不能连接两个分句。学生受母语影响，很容易在"和"的连接成分上出错。以后在其他课中出现时还可继续强调。

❻ 课文讲练

可采用多种方式讲解课文，比如图片展示、实物展示、重点词语与重点句型板书、就课文主要内容进行提问等。

注意通过领读、齐读等方式让学生进一步熟悉课文，并能够正确地朗读。注意结合辨音与纠音，尤其是课文中疑问句的读法。

❼ 汉字知识讲解与汉字认写指导

汉字知识扼要讲解即可，重点是通过例字突出汉字偏旁的特点和主要类型。注意先描述六个偏旁的特征，并做书写示范，让学生不仅能正确地书写，还能够了解每个偏旁在构成汉字时所表示的意义。偏旁名称往往有固定叫法，并且常会在中国人介绍姓名用字等情况下提到，而在各类课文内容中却很少涉及。从本课起，可有意识地让学生了解和掌握。

❽ 中华文化知识讲解

注意说明本部分材料与课文文本之间的关联，使学生对"表述年龄"这一功能主题有更充分的了解。注意提示学生对照葡文或英文掌握本部分材料的基本内容。

❾ 练习指导与检查

无论是课堂练习还是布置学生课下完成的练习，都应进行有针对性的提示和指导。检查可在下次导入新课之前进行，对有普遍性的错误要重点讲解并纠正，并辅以适当的操练。

"词句解释"与"语法"补充材料

❶ 用代词"多"提问的疑问句

"多"是代词,用来构成疑问句,询问数量、年龄等。但应提示学生注意,询问年龄时,要根据所问对象的年龄使用不同的用语。粗略地分为以下几种情况:

对方是一般成年人或与自己平辈:你多大岁数? 你今年多大?

对方比自己年龄小:你今年多大?

对方是幼童:你几岁?

对方是长辈:您多大岁数? 您高寿?

本课不要求学生掌握所有这些年龄的问法,但要提示学生注意"多大岁数"有使用限制。

"多"用在其他形容词前,用来询问数量或程度,如:"多高、多远、多热"等,建议先不教学生这一用法,可在后面几课掌握了更多的词语之后进行扩展练习。

❷ 用"打算"表示考虑和计划

句型为"主语+打算+动词(+宾语)",可以通过扩展练习让学生掌握"打算"后的动词不带宾语和带宾语两种用法,并通过适当扩展使学生初步接触连动句,逐步培养使用较复杂句子的语感。例如:

我打算去。

我打算去中国。

我打算去中国当老师。

❸ 表示位置的"在"字句

"在"作为介词,用于"主语+'在'+处所+谓语动词"结构中,例如:

我在学校当老师。

"在"作为动词,是"主语+'在'+处所"的结构,句子中除了"在"没有其他动词。例如:

他在学校。

❹ 名词谓语句

名词或名词结构、数量短语直接在句子中充当谓语,表示年龄、价格、时间、籍贯等。一般不用动词"是"。但在否定句中则需加上"不是"。如:

他北京人。

他不是北京人。
明天星期日。
明天不是星期日。
老王六十岁。
老王不是六十岁，他今年五十八岁。

"语音知识"补充材料

本课重点讲练的三个韵母 -i[ɿ]、-i[ʅ] 和 i[i]，同形异质，发音上容易混淆。汉语拼音方案出于简明化的设计考虑，-i[ɿ]、-i[ʅ] 和 i[i] 三个不同音的韵母都以字母 i 标记，应提醒学生注意，以免读错。由于 z、c、s、zh、ch、sh、r 都不能与 i[i] 相拼，且与 -i[ɿ]、-i[ʅ] 各有不同的相拼关系，所以教学上对此宜用整体认读法，即不必单独教学生 -i[ɿ]、-i[ʅ] 的发音，而直接教 zi、ci、si、zhi、chi、shi、ri，并说明这些拼音字母中的 i 不是 bi、pi、mi、li 中的 i。

er 是汉语语音中的一个特殊韵母。与其他韵母的不同在于它不跟任何声母结合，自成独立音节，常用的只有"二、而、耳、儿、尔、饵、迩、洱"等几个字。由 er 音做词尾连读演变出的儿化韵，将在课文出现儿化韵词语的第八课中详细讲解。

"汉字知识"与汉字认写

❶ "汉字知识"补充材料

"偏旁"的概念讲解方面，要强调许多汉字的字形结构中都有偏旁，而且偏旁往往与汉字的本源意义有关联。具体说明时要注意从所列举的六个偏旁中挑选简单且有代表性的汉字做简要分析。比如"打"、"您"、"说"等。

另外，讲解时可扼要说明这些常见偏旁是如何演变来的，可以选用表示字形变化的图片展示这些偏旁的演变过程及其所蕴含的意义，便于学生在理解中记忆和掌握。教师应示范这些偏旁的笔画写法，指导学生正确书写。

❷ 汉字认写注意事项

可以让学生认写前注意找出包含学过偏旁的汉字。写汉字时注意字形的联系与区别，在田字格中工整书写。

"中华文化知识"补充材料

十二生肖用来表示出生年份在中国民间非常普遍。在中国，一般不必说出自己的生年，只消说出自己的属相，对方就能知道你的年龄。

在民间装饰艺术方面，十二生肖的造型用得极为普遍。在日常配饰上，人们也往往喜欢挑选与自己所属生肖的动物形象，以求吉利。在传统社会，甚至婚配双方也要讲究各自属相的相生相克关系，避免某些相克属相的人结合，有"鸡和猴，不到头"、"虎兔不相逢"等迷信说法。现代中国人更多是把生肖当成吉祥物，在欢度新春佳节时以包含生肖动物或其谐音的吉利成语作为贺年口彩，如："龙马精神、马到成功、金鸡报晓"等，这些含有生肖的成语成为新春节庆活动的重要语汇。

"练习"参考答案

一、朗读下列词语，注意声调。

本题的重点是训练学生掌握 z、c、s 和 zh、ch、sh、r 的发音。请老师先带领学生朗读，注意既要强调平舌音和卷舌音声母的区别，又要让学生体会它们在音节中的自然拼读，特别是不要在发卷舌音时过于卷舌而显得不自然。反复领读并跟读录音，待学生跟读熟练后，再独立朗读。

二、听录音，画出听到的音节。

1. zā　cā　sā√
2. zhē　chē√　shē
3. zhǎ√　chā　shā
4. zhū　chū√　shū
5. zǎo　cǎo√　sǎo
6. zuì√　cuì　suì
7. zuō　cuō　suō√
8. zhǐ　chǐ√　shǐ
9. zhàng　ràng√　shàng

10. shì chì rì √

11. rè shè √ chè

12. róu √ zhóu shóu

三、用恰当的词语填空。

1. 安梅兰<u>在</u>医院当护士。

2. 李老师在北京<u>教</u>葡萄牙语。

3. 何爱丽<u>和</u>罗飞龙都在澳门学中文。

4. 中国历史<u>很</u>有意思。

5. 毕业以后我打算<u>当</u>中学老师。

6. 我哥哥和我姐姐<u>都</u>是大学生。

7. 你弟弟今年<u>多</u>大?

8. 你爸爸是医生,妈妈<u>也</u>是医生吗?

9. 马修文打算<u>做</u>什么工作?

10. 我在澳门学中文,你<u>呢</u>?

四、对应连线。

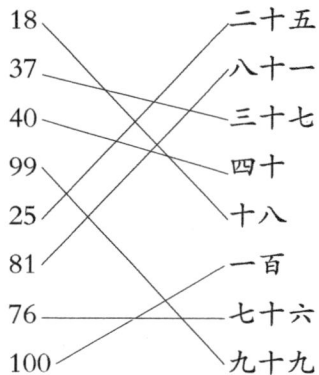

五、听会话,回答问题。

对话文本:

1. A:小龙,你家都有谁?

   B:我有爸爸,妈妈,一个哥哥,一个弟弟,没有姐姐和妹妹。

2. A:小丽,你爸爸是律师,你毕业以后也打算当律师吗?

   B:不,我不打算当律师,我打算当大学老师。

3. A：你妹妹小兰是大学生吗？
   B：不，她不是。她是中学生。

4. A：马老师，您在中学教葡语吗？
   B：我不教葡语，教英语。

答案：
1. 小龙家有五口人。
2. 小丽打算当大学老师。
3. 小兰不是大学生，是中学生。
4. 马老师不是葡语老师，是英语老师。

六、用给出的汉字各组两个词。

师：<u>老师</u>　　<u>律师</u>

生：<u>学生</u>　　<u>医生</u>

学：<u>学习</u>　　<u>学生</u>

学：<u>中学</u>　　<u>大学</u>

工：<u>工程师</u>　　<u>工作</u>

中：<u>中文</u>　　<u>中国</u>

七、完成会话。

1. A：请问<u>你爸爸妈妈做什么工作</u>？
   B：我爸爸是律师，妈妈是医生。

2. A：请问<u>你哥哥和姐姐多大</u>？
   B：我哥哥今年二十八岁。姐姐今年二十五岁。

3. A：<u>你毕业以后想做什么工作</u>？
   B：我打算毕业以后当中学老师。<u>你呢</u>？
   A：我想当大学老师。

4. A：你姐姐也工作了吗？她做什么？
   B：是的，<u>她也工作，她是护士</u>。

八、替换练习。

本题的重点是强化本课的重点句型。通过同一句型的反复出现，学生可以强化对句型结构形式的记忆，以达到使用时得心应手的效果。可以使用分组答题方式，每组学生轮流进行替换练习问答，确保所有学生都有练习使用重点句型的机会。

九、回答问题。

本题的重点是让学生掌握本课重点句型和重点词语的实际运用。问题可以根据学生实际情况回答，也可以根据课文内容或虚拟情境回答。

十、交际练习。

本题为与本课所学内容相关的开放型话题，旨在训练学生掌握如何介绍彼此及家人的年龄、工作或毕业后拟从事的工作等。鼓励学生使用本课学过的句型和词语，通过问答，完成交际任务。可以作为课堂练习，进行练习前，老师可先带领学生复习本课出现的相关词语和句式，并给出范例，然后请学生分组讨论，最后再请学生作答。

十一、汉字认写练习。

要求学生注意字形的联系与区别，注意汉字的偏旁、笔顺，并在田字格中工整书写。对字形复杂、笔画较多的字要重点示范与讲解。

第六课　你喜欢踢足球吗？

教学目的与教学重点

❶ 功能项目（交际话题）

掌握"谈论爱好"的功能项目，能就一般的个人爱好等内容进行比较清楚的表达和问答交际。

❷ 重点词语、重点句型

（1）重点词语：

"足球、篮球、比赛、京剧、中国画"等兴趣爱好类名词，"踢、打、看、上、唱、喜欢"等动词，"踢足球、打篮球、看比赛、唱京剧、上网"等表示爱好类的短语（强调动宾之间的固定搭配）。

（2）用"那当然"表示的确认或肯定的对答。

（3）用情态动词"会"表示通过学习可以获得的能力。

（4）用情态动词"要"表示按照意愿或者计划将做某事。

❸ 语音

（1）声母小结，进行声母的综合训练。

（2）拼写规则（1）：以 i、u、ü 开头的韵母的拼写规则。

❹ 汉字（汉字知识与汉字认写）

（1）能够熟练、正确地认读并书写本课生字。

（2）了解汉字常见偏旁：三点水、足字旁、走之旁、单人旁、日字旁和女字旁。

❺ 中华文化知识

了解中国京剧和地方戏的知识，了解中国各地各有特色、丰富多彩的戏曲剧种。引导学生以此与欧洲的歌剧或本民族的戏剧等比较，找出中外戏剧在内容、形式、传承等方面的异同，从而引发学生进行中外文化对比的思考，增强进一步学习中国语言文化的兴趣。

教学步骤

① 复习并导入新课

重点检查前一课的语音、生词、句型、功能的掌握情况，发现问题及时纠正。以提问法、情景设置法等导入新课。

② 语音处理

本课语音教学应加强对相近声母的辨析。对送气和不送气的区别、卷舌和平舌的区别，教师以口型示范讲解时不妨采用较为夸张的方式，让学生对发音方法和发音部位有深刻印象。可以采用分组对比的方法，把声母分成七组：b 和 p，d 和 t，g 和 k，z、c、s 和 zhi、chi、shi，l 和 r，j、q、x 和 z、c、s，h 和零声母，凸显出发音的不同之处。其中，葡语母语者常犯的语音错误是将零声母读作声母 h，应特别注意。

除了教师领读、学生跟读和齐读的方式之外，还可采用听音辨别的方式，即老师发出相近声母的音，让学生写下听到的声母，以此检查学生对七组声母发音的辨别度。另外，让发音清晰、准确的学生进行示范，也有助于其他学生树立准确发音的信心。教师应单独针对每一个学生的发音错误进行纠正，直到正确无误。初级阶段的正音是语言学习的关键环节，教师不可放松要求。

③ 生词处理

在已布置学生预习的基础上，通过领读、轮读、抽读等方式帮助学生掌握生词的读音，发现语音错误，即时纠正。认读生词时可同时引导学生进行词语扩展练习。

④ 语法点处理

教师可通过问答、情景引导、句型转换、句子合成等不同方式导入新课的语法点。导入新语法点所使用的例句应具有典型性并贴近日常生活。

在学生理解语法点的意义、掌握语法点的结构和使用条件的基础上，让学生就该语法点进行大量的操练。操练的形式可包含理解性练习、模仿性练习、记忆性练习和交际性练习等。

为便于学生记住并掌握语法点，教师可利用公式、表格、符号等总结归纳出该语法点的结构、语义及使用条件。

⑤ 重点词语和句型讲练

（1）讲练"足球、篮球、比赛、京剧、中国画"等兴趣爱好类名词；"踢、打、看、上、唱、喜欢"等动词；"踢足球、打篮球、看比赛、上网、唱京剧"等表示爱好类的短语，强调此类短语的固定动宾搭配。可以采用图片展示的方式引入重点词语和短语，反复展示和替换，强化对兴趣爱好类名词和短语的记忆。

（2）讲练表示能力的情态动词"会"和情态动词"要"在句中的用法，以及带有情态动词的句子的结构。注意以例句的方式引入，并练习其否定形式、正反疑问句形式、以情态动词简短回答的形式；讲练程度副词"很"、"非常"、"特别"的用法。给出情境，启发学生尽可能多地列举出使用"会/不会"、"要"、"很"、"非常"、"特别"的句子。

❻ 课文讲练

可采用多种方式讲解课文，比如图片展示、实物展示、重点词语与重点句型板书、就课文主要内容进行提问等。

注意通过领读、齐读等方式让学生进一步熟悉课文，并能够正确地朗读。注意结合辨音与纠音，尤其是课文中问句和答句的语调和语气。

❼ 汉字知识讲解与汉字认写指导

汉字知识扼要讲解即可，重点是通过例字突出汉字偏旁的特点和主要类型。注意先描述六个偏旁的特征，并做书写示范，让学生注意学习笔顺笔画，能正确地书写。

对每个偏旁在构成汉字时所表示的意义，要做清楚讲解。可以用图例呈现这六个偏旁的汉字字源以及带这些偏旁的例字的字形演变，增加学生对汉字演变的认知，加深对汉字意义和书写方法的理解。

❽ 中华文化知识讲解

本部分材料与课文中提到的京剧有关，目的是使学生对课文中有关中国京剧、中国画等内容有更充分的了解，以更好地体现"谈论爱好"的功能主题。注意提示学生对照葡文或英文掌握本部分材料的基本内容。可组织欣赏京剧或看中国画展等课外实践活动。

❾ 练习指导与检查

无论是课堂练习还是布置学生课下完成的练习，都应进行有针对性的提示和指导。检查可在下次导入新课之前进行，对有普遍性的错误要重点讲解并纠正，并辅以适当的操练。

"词句解释"与"语法"补充材料

❶ "那当然"

"那当然"在句中表示确认或肯定,也可以说"当然"、"当然了"。在本课是用来对答的,表示毫不犹豫地认同对方的话。但应提示学生注意,以此语对答,隐含"不必说,自然是如此"的意思,故使用时要注意对话的对象和说话的场合,以免显得倨傲无礼。

❷ 情态动词"会"(一)

情态动词"会"有多种用法,本课中主要学习表示能力的用法。"会"表示的能力,往往指经过学习可以获得的能力。"会"除了做情态动词外,还可用作一般动词,直接带宾语。"会"作为情态动词,还常用来表示可能或意愿,这些用法将在以后的课文中出现。

"会"表示可能:明天李老师会来上课。

"会"表示意愿:别担心,同学会帮助你的。

有些语法论著不列表示意愿的"会",认为可以归入"可能(实现)"项。

❸ 程度副词"很"、"非常"、"特别"

程度副词"很"、"非常"、"特别"常放在形容词前面,表示事物的程度;放在动词前面时,该动词不是表示动作的一般动词,而是表示感觉、情绪等心理活动的动词,如"喜欢"、"讨厌"、"害怕"、"爱"、"恨"等,如:

妈妈非常爱孩子。

年轻人都很喜欢上网。

弟弟非常害怕游泳。

需要向学生说明的是,"很"放在形容词谓语之前时,其表示"高程度"的含义在句子中实际上是比较弱化的,仅仅是在主语和形容词谓语之间的连接,并不强调其"程度高"。汉语的主语和形容词谓语之间不用"是"。比如不可以说:"他的汉语是好"。而要说:"他的汉语很好"。意思是:他的汉语好(如果要强调非常好,可以重读"很"字)。如果形容词谓语前不加"很",那就含有比较的意思。如:

他的汉语好,我的汉语不好。

或者:他的汉语好,他的葡语不好。

❹ 情态动词"要"(一)

提醒学生注意,使用情态动词"要"的句子,其否定式并不是如同大多数情态动词

那样直接在其前加上"不",而是换用其他词语表达。如:

我要去北京。

否定式为:

我不想去北京。

我不会去北京。

"语音知识"补充材料

对汉语拼音书写规则中的一些特例,应予以详细解说。i、u、ü 行韵母前面有声母时,除了 j、q、x 之后的 ü 省略上面的两点变为 u 以外,均保持原形。i、u、ü 行韵母前面没有声母时,书写形式要变化,具体为:

i 行的韵母,前面没有声母的时候,写成 yi(i),ya(ia),ye(ie),yao(iao),you(iou),yan(ian),yin(in),yang(iang),ying(ing),yong(iong)。

u 行的韵母,前面没有声母的时候,写成 wu(u),wa(ua),wo(uo),wai(uai),wei(uei),wan(uan),wen(uen),wang(uang)。

ü 行的韵母,前面没有声母的时候,写成 yu(ü),yue(üe),yuan(üan),yun(ün);ü 上两点省略。注意提醒学生不可把这些韵母中改写的 u 误读成 [u]。

ü 行的韵母跟声母 j、q、x 拼的时候,写成:ju、qu、xu,ü 上两点也省略;但是跟声母 n、l 拼的时候,仍然写成 nü、lü。识读时教师应特别提示学生,ü 与 j、q、x 相拼后之所以省略上面的两点写成 u,是因为 j、q、x 不能与 u 行韵母相拼,所以不可把 ju、qu、xu 中的 ü 读成 [u]。

按照《汉语拼音方案的通用键盘表示规范》,键盘输入时,采用 v 代替 ü。

"汉字知识"与汉字认写

❶ "汉字知识"补充材料

"偏旁"的概念讲解方面,要强调许多汉字的字形结构中都有偏旁,而且偏旁往往与汉字的本源意义有关联。具体说明时要注意从所列举的六个偏旁中挑选简单且有代表性的汉字做简要分析。比如"汉、跑、过、你、晚、妹"等。

另外,讲解时可扼要说明这些常见偏旁是如何演变来的,可以选用表示字形变化的图片展示这些偏旁的演变过程及其所蕴含的意义，便于学生在理解中记忆和掌握。教师应示范这些偏旁的笔画写法，指导学生正确书写。

❷ 汉字认写注意事项

可以让学生认写前注意找出包含学过偏旁的汉字。写汉字时注意字形的联系与区别，在田字格中工整书写。

"中华文化知识"补充材料

本课主要介绍京剧。京剧以讲述中国古代故事的传统剧目为主，具有较高的思想艺术水平的剧目为数不少，如《铡美案》、《打渔杀家》、《四进士》等。京剧剧目从各个角度反映古代生活，传播传统伦理价值观念，或给人以健康的艺术享受。许多剧目是由演员在舞台实践中不断加以丰富才日益成熟，成为艺术精品的，如《群英会》、《空城计》、《玉堂春》等。1949年以后，京剧艺术界整理了大批传统剧目，编演了许多新历史剧和现代戏，走上了新的发展道路。经整理、改编的主要剧目有《白蛇传》、《野猪林》、《将相和》、《杨门女将》、《穆桂英挂帅》、《红娘》、《望江亭》、《李慧娘》等。创作的历史剧有《逼上梁山》、《三打祝家庄》、《满江红》、《武则天》、《谢瑶环》、《海瑞罢官》、《正气歌》、《徐九经升官记》等。现代戏有《智取威虎山》、《红灯记》、《沙家浜》、《杜鹃山》等。

可选择一些有代表性的剧目，播放视频或带领学生到剧院，指导学生欣赏。可以按类别从下列京剧剧目中选取经典片段：

武戏：《三岔口》、《闹龙宫》、《盗仙草》

文戏按照重点角色可分为：

生角：《四郎探母》、《文昭关》、《空城计》、《群英会》、《借东风》、《大保国》、《三家店》

旦角：《霸王别姬》、《贵妃醉酒》、《龙凤呈祥》、《红娘》、《钓金龟》、《王宝钏》、《白蛇传》

净角：《铡美案》、《赤桑镇》

丑角：《活捉三郎》、《徐九经升官记》、《法门众生相》

"练习"参考答案

一、朗读下列音节，注意不送气与送气的区别。

本题的重点是训练学生掌握不送气声母和送气声母的发音区别。请老师先带领学生朗读，领读过程中反复对发音部位相同的不送气声母和送气声母进行比较，尤其要强调送气声母的发音要领。反复领读并跟读录音，待学生跟读熟练后，再独立朗读。

二、朗读下列音节，注意舌尖前音和舌尖后音的区别。

本题的重点是训练学生掌握舌尖前声母和舌尖后声母的发音区别。请老师先带领学生朗读，领读过程中对三对声母进行发音部位比较，让学生体会平舌和卷舌的发音要领。反复领读并跟读录音，待学生跟读熟练后，再独立朗读。

三、朗读下列音节，注意声母的区别。

本题旨在提醒学生注意容易混淆的几对声母的发音：l—r、n—l、z—j、c—q、s—x、j—q、w—h，加强对这些相近声母的辨析，以保证发音清晰正确。另外，针对葡语母语者常在零声母音节前加上 [h] 音的语音偏误，设计了相应练习。请老师先带领学生朗读，领读过程中对几对声母进行发音部位比较，让学生在音节拼读中体会其区别和各自的发音要领。反复领读并跟读录音，待学生跟读熟练后，再独立朗读。

四、朗读下列拼音词语，注意每对词语发音的区别。

本题旨在加强对相近声母的辨析，从音节中的声母辨析进一步提高到词语中的声母辨析。老师示范朗读包含相近声母的词语，提醒学生注意其区别和发音要领。反复领读并跟读录音，待学生跟读熟练后，再独立朗读。

五、听录音，画出听到的词语的拼音。

1. Àomén √   hàomén
2. àiguó √   wàiguó
3. lántiān √   nántiān
4. āli √   yāli
5. pópo   bóbo √
6. dǔzi   tùzi √
7. sīrén √   shīrén
8. cìtòng √   qìtòng
9. zīběn   jīběn √
10. guòlù √   kuòlù
11. lèqíng   rèqíng √
12. chīkuī √   cīkuī
13. sīchóu √   xīchóu
14. mèizi √   mèizhi

六、听句子，用拼音填空。

1. 我是葡萄牙 rén，会说葡萄 yá 语。
2. 他是我的 lǎo 师，不 shì 我的同学。
3. 我姓 wáng，不姓 huáng。
4. 我看，zhè 几个人都是 pú 国人。
5. 你 xǐ 欢唱京剧吗？下课后和我一起 qù 吧？
6. 小丽喜 huan 打篮球，也喜欢看篮球比 sài。

七、朗读下列短语。

本题是词语扩展练习。将本课出现的重点词语扩展为短语，通过朗读的方式让学生进行反复记忆，熟练掌握，为进一步扩展为句子做准备。现阶段应避免让学生自己扩展词语，以免出现错误搭配和误用，而应以此练习让学生记住正确的搭配和扩展。

八、替换练习。

本题的重点是强化本课的重点句型。通过同一句型的反复出现，学生可以强化对句型结构形式的记忆，以达到使用时得心应手的效果。可以使用分组答题方式，每组学生轮流进行替换练习问答，确保所有学生都有练习使用重点句型的机会。

九、完成会话。

1. 马修文：安梅兰，下课以后一起去唱京剧吧？
   安梅兰：<u>对不起，我不去</u>，我不会唱京剧。

2. 陈老师：飞龙，你是葡萄牙人，一定爱踢足球吧？
   罗飞龙：<u>那当然</u>！我和弟弟都非常喜欢。

3. 马修文：杨教授，今年您要去北京吗？
   杨教授：不，<u>我打算明年去</u>。你呢，马修文同学？
   马修文：我打算去，<u>我想去学中文</u>。

4. 马修文：你喜欢什么工作？
   安梅兰：<u>当老师</u>，特别想当历史老师。
   马修文：我也喜欢当老师，<u>在葡萄牙教中文</u>。

安梅兰：那你打算学中文？
马修文：对，我要去北京学习。

十、看图说话。

1.
A：看！太好了！足球真有意思！
B：我觉得没有意思。我喜欢篮球，不喜欢看足球比赛。

2.
A：你觉得上网有意思吗？你是中学生，我觉得很不好。
B：爸爸，你不懂，上网很有意思，我的同学都喜欢。

3.
A：看，那是梅兰芳的学生！非常好！
B：京剧的脸谱很有意思，不过我不懂。
A：服装真漂亮！
B：我也不懂，不喜欢。

十一、情景会话。

本题是任务型交际训练，旨在训练学生掌握如何用汉语表达对运动项目、中国传统艺术、兴趣爱好的询问和简单介绍。本练习为课堂练习，进行练习前，老师可先带领学生复习本课出现的相关词语和句式，请学生分组讨论，按照每一题给出的情景，列出应该使用的词语和句式。然后请学生按照每一题情景中的角色进行对话，完成交际任务。要注意提醒学生，会话应结合给出的具体情境，并注意重点词语、重点句型的使用与操练。

十二、汉字认写练习。

要求学生注意字形的联系与区别，注意汉字的偏旁、笔顺，并在田字格中工整书写。对字形复杂、笔画较多的字要重点示范与讲解。

第七课　下周六是几号？

教学目的与教学重点

❶ 功能项目（交际话题）

掌握"日期和时间"、"约会"等两个功能项目，能正确表达年、月、日、星期以及钟点等，能就一般的日程安排、约会计划等内容进行比较清楚的表达和问答交际。

❷ 重点词语、重点句型

（1）重点词语："博物馆、学校、大门口"等表示处所、地点的名词，"参观、出发、等、起床、上课、跑步"等动词，"参观博物馆、看展览、打太极拳"等表示活动类的短语（强调其动宾之间的固定搭配）。

（2）年、月、日的表达：年月日的顺序，年份的读法，"号"和"日"在语体上的不同。

（3）星期的表达："星期"和"周"、"星期日"和"星期天"的不同说法。

（4）时间的表达："点、分、半、刻、零、差"的用法；说"两点"而不说"二点"的习惯表达。

（5）用疑问代词"几"就数量或数字提问。

（6）作为体标记的动态助词"了"的用法。

❸ 语音

（1）韵母小结，进行韵母的综合发音训练。

（2）拼写规则（2）："iou、uei、uen"前加声母的拼写规则。

❹ 汉字（汉字知识与汉字认写）

（1）能够熟练、正确地认读并书写本课生字。

（2）了解汉字常见偏旁：食字旁、两点水、火字底、火字旁、草字头和衣字旁。

❺ 中华文化知识

了解中国广场舞的知识，了解中国当代社会这一兼具健身、社交、娱乐、休闲等多种功能的文化活动及其所包含的中国特色。可以适当介绍关于广场舞噪声扰民问题的讨论，引导学生围绕"广场舞的利弊"、"广场舞与街舞等其他舞蹈的异同"等话题展开讨论，增加对中国社会和民众生活的了解。建议播放流行一时的广场舞视频如《最炫民族风》、《小苹果》等，师生一起模仿表演，活跃课堂气氛。

教学步骤

① 复习并导入新课

　　重点检查前一课的语音、生词、句型、功能的掌握情况，发现问题及时纠正。以提问法、情景设置法等导入新课。

② 语音处理

　　本课承接前一课，继续总结语音知识，让学生对汉语语音有全面了解。语音教学集中在韵母的综合训练上，主要以对比练习的方式进行。对于单韵母，强调每一韵母开口度的差别；对于复韵母，强调其前响、中响、后响三类不同的发音特点。

　　教师带读时要观察学生的开口度是否到位，找出学生分辨不清的韵母加以纠正。常见的错误是 e 和 -i[ɿ] 区别度不够，可重点进行对比练习。对于学生较难清楚了解的复韵母中各个元音的长度和响度，不必过多讲解前响、中响和后响的发音原则，而主要用分类带读的方式，让学生在反复跟读中体会前响、中响和后响的音流规律，从而实现顺畅自然的复韵母拼读。

③ 生词处理

　　在已布置学生预习的基础上，通过领读、轮读、抽读等方式进一步掌握生词的读音。注意语音纠正，并强化词语扩展练习。

④ 语法点处理

　　教师可通过问答、情景引导、句型转换、句子合成等不同方式导入新课的语法点。导入新语法点所使用的例句应具有典型性并贴近日常生活。

　　在学生理解语法点的意义、掌握语法点的结构和使用条件的基础上，让学生就该语法点进行大量的操练。操练的形式可包含理解性练习、模仿性练习、记忆性练习和交际性练习等。

　　为便于学生记住并掌握语法点，教师可利用公式、表格、符号等总结归纳出该语法点的结构、语义及使用条件。

⑤ 重点词语和句型讲练

　　（1）讲练"博物馆、学校、大门口"等表示处所、地点的名词的使用；"参观、出发、等、起床、上课、跑步"等动词的使用；"参观博物馆、看展览、打太极拳"等表示活动类的短语，强调此类短语的固定动宾搭配。

（2）讲练表示日期、时间、星期的句型。注意句型的引入方式和练习方式。启发学生尽可能多地就年月日、钟点时间、星期等进行问答。

（3）讲练疑问词"几"的使用。第三课的词句解释"你家有几口人"，已经解说了用"几"提问的句型，本课进一步讲解用"几"表示疑问的其他句型，并总结"几"的使用范围。

（4）讲练体标记动态助词"了"的使用。"了"的用法很多，本课介绍一种表示变化的"了"，用于句尾，一般是表示这种变化已经发生了或者即将发生，含有提示注意的意思。

❻ 课文讲练

可采用多种方式讲解课文，比如图片展示、实物展示、重点词语与重点句型板书、就课文主要内容进行提问等。

注意通过领读、齐读等方式让学生进一步熟悉课文，并能够正确地朗读。注意结合辨音与纠音，尤其是课文中疑问句的读法。

❼ 汉字知识讲解与汉字认写指导

汉字知识扼要讲解即可，重点是通过例字突出汉字偏旁的特点和主要类型。注意先描述六个偏旁的特征，并做书写示范，让学生不仅能正确地书写，还能够了解每个偏旁在构成汉字时所表示的意义。

❽ 中华文化知识讲解

注意说明本部分材料与课文文本之间的关联，使学生了解普通中国民众的业余文化生活，对"表达约会"这一功能主题所可能涉及的具体活动内容有更多的了解。注意提示学生对照葡文或英文掌握本部分材料的基本内容。

❾ 练习指导与检查

无论是课堂练习还是布置学生课下完成的练习，都应做有针对性的提示和指导。检查可在下次导入新课之前进行，对有普遍性的错误要重点讲解和纠正，并辅以适当的操练。

"词句解释"与"语法"补充材料

❶ 下周六是几号？

"几"的用法可以联系第三课学过的内容加以总结（"几个、几岁、几号、星期几、几点")。"几"用来就数量或数字提问，构成疑问句。应提示学生注意，用"几"提问时，一般是针对个位数的数目，稍稍超过也可以。对预估数目较大的事物，则通常会用"多少"来提问，如问"多少种戏曲"（回答是"几十种"）。但在问日期、钟点时，不管回答是否超过10，都不用"多少"，而用"几月、几号、几点、几分"。如：问"几号"，回答可以是"23号"；问"几点"，回答可以是"十一点、十二点"。在学生目前词汇量有限的情况下，无法多举例讲解，大致说明，使学生对数量疑问词"几"与已经学过的"多"、将要学习的"多少"等不同用法，有所留意，不致混淆即可。

❷ **日期、时间的表达**

应多练习至熟练程度，尤其是星期一到星期六，数字顺序与葡语表示星期的"第……日"说法不对应，故葡语母语者应格外注意对照。另外，"差一刻十点"、"三点零八分"等表达也应注意。年份的读法与其他数目读法不同，应提示学生注意。

"语音知识"补充材料

汉语拼音的书写规则中包含简化原则，识读时应特别注意。除了前面讲到的 i、ü 的简化书写，本课讲练的 iou、uei、uen 分别简化书写为 iu、ui、un，发音则保持不变。如果按照拉丁字母拼读习惯来读简化书写的拼音，则会造成吞音、漏音，似是而非。应特别提醒拉丁语系母语的学生。

韵母中的鼻韵母学生基本上能够正确发音。为了凸显前鼻音韵母和后鼻音韵母的区别，可以分组对照发音，即 an 和 ang、en 和 eng、in 和 ing、ian 和 iang 两两对照。另外，将 ong 和 iong、ong 和 ueng 放在对照组中，也是有效的辨音方法。

"汉字知识"与汉字认写

❶ **"汉字知识"补充材料**

"偏旁"的概念讲解方面，要强调许多汉字的字形结构中都有偏旁，而且偏旁往往与汉字的本源意义有关联。具体说明时要注意从所列举的六个偏旁中挑选简单且有代表性的汉字做简要分析。比如"饭"、"冷"、"热"、"炉"、"花"、"衫"等。

另外，讲解时可扼要说明这些常见偏旁是如何演变来的，可以选用表示字形变化的图片展示这些偏旁的演变过程以及所蕴含的意义，便于学生在理解中记忆和掌握。教师应示范这些偏旁的笔画写法，指导学生正确书写。

❷ 汉字认写注意事项

可以让学生认写前注意找出包含学过偏旁的汉字。写汉字时注意字形的联系与区别，在田字格中工整书写。

"中华文化知识"补充材料

广场舞是颇有中国特色的一种休闲和健身方式。参与者大部分是年龄在45至65岁之间的中老年人，以女性居多，她们又被称为"广场舞大妈"。广场舞一般选择在社区广场、公园等空地上进行，对场地、设备要求不高。舞种多样，舞步简单易学，对于一般参与者也没有技巧要求，所以迅速地在中国城乡掀起流行风潮。近年来，随着新农村建设的蓬勃开展，农村社区建设中健身广场普及到村镇，让广场舞在农村也红火起来。海外华人社区中也不乏广场舞的爱好者，中国大妈跳出国门、舞动全球的新闻时见报道。

中国政府对广场舞大力支持。2015年3月23日，中华人民共和国国家体育总局宣布，将在全国范围内推出由专家创编、适合不同人群的12套广场健身操舞优秀作品，并对其进行推广和培训，其中包括《小苹果》和《最炫民族风》两首广为流传的歌曲。

不过，人们对广场舞一直存在正反两方面的看法。

正面评价：

广场舞的最大特点是大众化、平民化。广场舞学起来简单便捷，有人领舞跟着做动作即可；

不用专门花钱投入，经济实惠；

以健身为目的，内容健康向上，老少咸宜；

跳舞氛围宽松，随性参与，来去自由；

广场舞的技艺可高可低，作为体育舞蹈，兼具各种舞蹈元素，另辟蹊径，舞者也可发挥所长，精益求精，舞出艺术水准，各地纷纷涌现的时尚、大胆、充满激情和活力的广场舞达人，就是广场舞艺术的明证；

广场舞满足了大量城乡民众的精神需求。广场舞激活了公共空间的交流功能，使人们多了一种机会进行自然的人际交流，从中结识朋友，收获友谊；更让一般民众，特别是那些忙于生计和家务的妇女，有机会展现自己，获得快乐和自信。

负面争议：

对广场舞的主要批评在于其噪声扰民的问题。广场舞的音乐设备音量大、分贝高，长时间的活动对周围的住户和游客会造成噪声滋扰。那响彻全国各地大街小巷的广场舞乐曲，让那些不喜欢此类曲风的人甚觉逆耳。广场舞因此造成了社区不同群体间的矛盾。中国某些城市的公安机关依据关于社会生活噪音污染防治的法律，出台了对跳广场舞扰民者采取处罚的相关规定。

思考：

关于广场舞的正面和负面评价，可以启发学生讨论：如何看待广场舞？针对广场舞带来的负面问题，给出你的解决方案。

"练习"参考答案

一、朗读下列音节，注意韵母发音的区别。

本题选取了容易混淆的四对韵母 e 和 -i[ɿ]、in 和 ing、en 和 eng、an 和 ang 进行辨析训练。请老师先带领学生朗读，注意强调这四对韵母的发音差异和发音要领。反复领读并跟读录音，待学生跟读熟练后，再独立朗读。

二、朗读下列音节，注意零声母音节的发音。

本题旨在训练零声母音节的正确发音。葡语母语者在读零声母音节时，往往会误读为微弱的 h 声母音节。教师应注意发现学生的这一语音偏误，并通过本题加以强调。请老师先带领学生朗读，注意强调零声母音节与 h 声母的发音要领和发音区别。反复领读并跟读录音，待学生跟读熟练后，再独立朗读。

三、朗读下列拼音词语，注意前响复韵母的发音。

本题的重点是训练学生掌握前响复韵母的发音。因设计为在拼音词语中训练，每个字的声调也是训练内容。请老师先带领学生朗读，注意既要强调前响韵母的发音方法，又要强调各个声调的调值差异和发音要领。反复领读并跟读录音，待学生跟读熟练后，再独立朗读。

四、朗读下列拼音词语，注意后响复韵母的发音。

本题的重点是训练学生掌握后响复韵母的发音。老师带读时注意强调词语中后响韵母的发音方法和各个声调的区别，反复领读并跟读录音，待学生跟读熟练后，再独立朗读。

五、朗读下列拼音词语，注意中响复韵母的发音。

本题的重点是训练学生掌握中响复韵母的发音。老师带读时注意强调词语中中响复韵母的发音方法和各个声调的区别，反复领读并跟读录音，待学生跟读熟练后，再独立朗读。

六、听句子，用拼音填空。

1. 我打算去 Ào 门，学习葡萄牙 yǔ。
2. 我们明天八点出 fā，你觉得 xíng 吗？
3. 我在学校大 mén 口等你，一 qǐ 去吧。
4. 下个 yuè 七号，有中国画 zhǎn 览。
5. 你星 qī 五有课吗？和我一起 pǎo 步吧？
6. 爸爸喜欢运 dòng，周末一般打太极 quán。

七、读出下列日期和时间。

本题旨在训练学生熟练掌握日期和时间的汉语表达，使学生能适应汉语的年月日表达习惯，并培养对日期、时间相关数字的多语言迅速转换能力。可作为课堂练习，采用抢答方式增加趣味性。

八、朗读下列短语。

本题是词语扩展练习。将本课出现的重点词语扩展为短语，通过朗读的方式让学生反复记忆，熟练掌握，为进一步扩展造句做准备。可作为课堂练习，老师先给出重点词语，给出扩展短语的示例，启发学生根据本课及之前学过的课文内容把词语扩展成短语，记下正确的搭配和扩展，对本题的短语进行对照增补，并反复跟录音朗读。

九、替换练习。

本题的重点是强化本课的重点句型。通过同一句型的反复出现，学生可以强化对句型结构形式的记忆，以达到使用时得心应手的效果。可以使用分组答题方式，每组学生轮流进行替换练习问答，确保所有学生都有练习使用重点句型的机会。

十、扩展练习。

1. 打太极拳
   下课以后打太极拳
   下午下课以后打太极拳
   明天下午下课以后打太极拳
   我和同学们明天下午下课以后打太极拳

2. 上网
   去图书馆上网
   一起去图书馆上网
   晚上一起去图书馆上网
   他说晚上一起去图书馆上网

3. 学汉语
   去学汉语
   毕业以后去学汉语
   我妹妹毕业以后去学汉语

4. 看展览
   在博物馆看展览
   在澳门艺术博物馆看展览
   周末在澳门艺术博物馆看展览
   安梅兰周末在澳门艺术博物馆看展览

十一、用"几"对下列句子提问。

1. 现在几点？
2. 现在几点？／现在差几分两点？
3. 今天星期几？
4. 明天几号？
5. 下午你们几点上课？
6. 你早上一般几点起床？

7. 他一般周几／星期几打篮球？

8. 我们几点在门口见？

9. 罗飞龙几号去美国？

10. 他们明天几点参观澳门博物馆？

十二、完成会话。

1. 下周六我打算去澳门博物馆，你去吗？
   <u>好啊，下周六我没有课，我也去</u>。

2. 下周六是几号？
   <u>下周六是十八号</u>。

3. 我们几点出发？
   <u>我五点下课，我们五点半出发吧</u>。

4. 星期五你有课吗？
   <u>上午有，下午没有</u>。

5. 下个月一号是星期几？
   <u>是星期二</u>。

6. 你早上几点起床？
   <u>我一般七点半起床，周末十点起床</u>。

7. 你们一般几点上课？
   <u>我们一般早上九点上课</u>。

8. 罗飞龙周末一般几点起床？
   <u>他周末一般十一点起床</u>。

十三、使用画线部分模仿下列句子造句。

本题所列出的都是课文中的重点句型，需提示学生仔细观察各句型的语法特点后再做模仿练习。总结讲解时要针对句型难点和学生易犯的错误做进一步的说明。

十四、情景会话。

本题旨在训练学生掌握如何用汉语表达一般约会的询问和回应。本练习为课堂练习，进行练习前，老师可先带领学生复习本课出现的相关词语和句式，然后让学生两人一组，按照每一题情景中的角色进行问答会话。要注意提醒学生的会话应结合给出的具体情境，并注意重点词语、重点句型的使用与操练。参考答案如下：

1. 何爱丽约安梅兰周末去看京剧，她该怎么说？

   何爱丽：星期六有京剧演出，我想去看，你去吗？

2. 你想让同学下课后跟你一起踢足球，你怎么约？

   你：下课后一起去踢足球，好吗？

3. 明天澳门博物馆有中国画展览，一个同学希望和你一起去。他会怎么说？

   他：明天澳门博物馆有中国画展览，我们没有课，你可以一起去吗？

4. 弟弟约你十五号一起去看NBA的比赛，你那天下午有课，不能去，你怎么回答？

   你：NBA的比赛？太好了！我很想去啊，不过十五号下午我有课。

十五、汉字认写练习。

要求学生注意字形的联系与区别，注意汉字的偏旁、笔顺，并在田字格中工整书写。对字形复杂、笔画较多的字要重点示范与讲解。

第八课　澳门文化中心在哪儿?

教学目的与教学重点

❶ 功能项目（交际话题）
掌握"表达方位"、"问路"这两个功能项目，能正确表达方位及相关的方向、位置等，能就问路、指路等日常话题进行比较清楚的表达和问答交际。

❷ 重点词语、重点句型
（1）重点词语："对面、南边、北边、那儿、一楼"等表示位置、方向的名词，"离、在、步行、过、吃、试"等动词，"离理工学院远、在南边、过马路、在对面、在一楼"等说明位置的短语（强调其固定搭配），常用名量词"个"。
（2）用"哪儿"构成的疑问句。
（3）表存现的"有"字句。
（4）情态动词"能"的使用。
（5）指示代词"这儿"、"那儿"的使用。
（6）动词重叠。

❸ 语音
（1）总结语音知识，熟悉声母韵母拼合总表。
（2）声调标记规则。尤其是简写的复韵母的标调规则。
（3）儿化韵及其音变规律。

❹ 汉字（汉字知识与汉字认写）
（1）能够熟练、正确地认读并书写本课生字。
（2）了解汉字常见偏旁：木字旁、口字旁、病字头、竖心旁、宝盖头和竹字头。

❺ 中华文化知识
了解中国菜系的知识，了解中国当代社会的饮食文化。

可以适当介绍中国饭菜的制作方法，课外活动可以组织学生一起动手，尝试包饺子、包汤圆等，体验中国饮食的烹饪方法；或组织全班同学聚餐，品尝中国菜，同时讲解中国主要菜系风味特色的关键词语，并让学生用这些词语练习描述自己吃过的中国饭菜。鼓励学生在日常生活中探索中国饮食，交流对中国饮食文化的认知。本课学习时段，可以布置学生每次上课时介绍一种自己了解的中国饮食。

第八课 澳门文化中心在哪儿？

教学步骤

❶ 复习并导入新课

重点检查前一课的语音、生词、句型、功能的掌握情况，发现问题及时纠正。以提问法、情景设置法等导入新课。

❷ 语音处理

本课的语音教学不需要单独聚焦声母和韵母的单音训练，而重在检查学生声韵母的拼合能力。教师带读声母韵母拼合总表，让学生熟悉所有的汉语音节。声韵拼合总表较长，朗读费时，但朗读总表能够让学生注意到声韵调的拼合限制。有些声母、韵母或声调的拼合音在汉语普通话中不存在，这只有在朗读声韵拼合总表时才会发现，所以建议不要跳过此环节。可以将总表分几大板块，学生分几组，以游戏竞赛方式交替朗读。教师及时发现并纠正学生的拼合错误，让学生在语言学习的早期就避免习惯性误读。

儿化韵的处理以带读为主，不必强调"儿"字词尾音变的复杂类型，以免学生产生畏难心理。可选择多种儿化韵例词，让学生试读，老师正音，多次操练，学生不难自然掌握。

❸ 生词处理

在已布置学生预习的基础上，通过领读、轮读、抽读等方式进一步掌握生词的读音。注意语音纠正，并强化词语扩展练习。

❹ 语法点处理

教师可通过问答、情景引导、句型转换、句子合成等不同方式导入新课的语法点。导入新语法点所使用的例句应具有典型性并贴近日常生活。

在学生理解语法点的意义、掌握语法点的结构和使用条件的基础上，让学生就该语法点进行大量的操练。操练的形式可包含理解性练习、模仿性练习、记忆性练习和交际性练习等。

为便于学生记住并掌握语法点，教师可利用公式、表格、符号等总结归纳出该语法点的结构、语义及使用条件。

❺ 重点词语和句型讲练

（1）讲练"文化中心、新口岸、广场、餐厅、食堂"等表示处所、地点的名词的使用；"对面、南边、北边、那儿、一楼"等表示位置、方向的名词的使用；"离、在、步行、演出、过、吃、试"等动词的使用。扩展练习短语："离理工学院远、在南边、过马路、在对面"等说明位置的短语，"听讲座、看演出、过马路、吃饭"等表示活动类的短语，强调此类短语的固定动宾搭配。

解释"食堂"和"餐厅"的区别。食堂多指学校或公司等较大机构内部招标经营、有一定财政补贴或优惠让利的餐饮经营店，价格较一般餐饮店低廉，常常要求使用内部证卡付款，甚至不收现款。餐厅则大多为一般商业经营模式。有些学校同时拥有这两种模式的餐饮店，且以"食堂"和"餐厅"的不同名称相区别；不过，也有些学校对这两种餐饮店不加区别，混用"食堂"和"餐厅"的名称。

（2）讲练用"哪儿"构成的疑问句，表存现的"有"字句，使用情态动词"能"的句子，使用指示代词"这儿"、"那儿"的句子。注意句型的引入方式和练习方式。启发学生尽可能多地就地点、方向、位置等进行问答。

（3）常用名量词"个"的使用。从学生学过的词汇里，尽量多地举出可以在前面加上"个"的名词。

❻ 课文讲练

可采用多种方式讲解课文，比如图片展示、实物展示、重点词语与重点句型板书、就课文主要内容进行提问等。

注意通过领读、齐读等方式让学生进一步熟悉课文，并能够正确地朗读。注意结合辨音与纠音，尤其是课文中带儿化韵的词语"哪儿、这儿、那儿"的读法。

❼ 汉字知识讲解与汉字认写指导

汉字知识扼要讲解即可，重点是通过例字突出汉字偏旁的特点和主要类型。注意先描述六个偏旁的特征，并做书写示范，让学生不仅能正确地书写，还能够了解每个偏旁在构成汉字时所表示的意义。

本课的六个偏旁可分为两组：木字旁、口字旁、竖心旁一组，病字头、宝盖头、竹字头一组，通过对比，让学生掌握汉字偏旁的多种位置。

❽ 中华文化知识讲解

本部分材料与课文文本中有关餐厅、食堂等的话题有一定的关联，可以由此多种经营形态的餐饮店，扩展到中国饮食的丰富性，进而介绍中国各地各具特色的美食，也可以让学生增进对中国地理和区域差别的感性认识，从而为获得较为客观完整的中国理解打下基础。注意提示学生对照葡文或英文掌握本部分材料的基本内容。

❾ 练习指导与检查

无论是课堂练习还是布置学生课下完成的练习，都应进行有针对性的提示和指导。检查可在下次导入新课之前进行，对有普遍性的错误要重点讲解和纠正，并辅以适当的操练。

"词句解释"与"语法"补充材料

❶ 疑问代词"哪儿"构成的疑问句

讲解使用疑问代词的疑问句，重点是指出这种疑问句的语序与陈述句相同，只是用疑问代词替换句子中要询问的部分。例如：

他去食堂。——他去哪儿？

学生八点上课。——学生几点上课？

她是我同学。——她是谁？

❷ 表存现的"有"字句

此句型的难点，是要让学生注意这一句型中，存在或出现的人或物是不定指的，而其否定形式则不可出现"数词+量词"。为使学生加深印象，教师可以将存现句的基本结构形式和否定形式对照列出：

处所/时间+"有"+（数词+量词）+名词/名词短语

处所/时间+"没有"+名词/名词短语

例句对照：

学校里有（两个）食堂。

学校里没有食堂。

用此对照句型启发学生模仿造句。要求学生成对造句，每一句子都要求同时给出否定形式，形成初步的句型语感。

❸ 情态动词"能"

情态动词"能"表示有条件做某事。启发学生说出自己能做的事情。重点是句型操练，多做替换练习。

❹ 指示代词"这儿"和"那儿"

注意提示学生记住这两个词分别表示近指和远指。

"语音知识"补充材料

从声韵拼合总表中可以看到,声母韵母不能相拼的有很多,且情况复杂,比如 j、q、x 与开口呼韵母(即 a、o、e、ê、er、ai、ei、ao、ou、an、en、ang、eng、-i[ɿ]、-i[ʅ],共 15 个)不能相拼,f、g、k、h、z、c、s、zh、ch、sh、r 与齐齿呼韵母(如 i、ia、ie、iao、iou、ian、in、iang、ing,共 9 个),双唇音 b、p、m 不能与 e 相拼,等等,其规则很难扼要概括,所以教师不必一一讲解,示例即可。由于 j、q、x 与 ü 相拼的书写形式简化为 ju、qu、xu,学生在平时认读时极易误读为 j、q、x 与 u 的相拼而觉察不到错误,所以教师可以预先强调汉语中绝无 j、q、x 与 u 相拼的音节。

关于声调标记规则,除了强调简化书写的几个复韵母的特殊标调规则,亦须指出轻声不标调。

儿化韵是本课的语音重点。儿化韵的发音方法细分较为复杂,"儿"字词尾与其前不同的词干韵母连读,所发生的音变有不同类型。本课初次引入儿化韵,可以不必对学生分类讲解,只是多带读儿化韵的词语,让学生自然体会儿化韵音变规律。可带读以下五组音节的儿化:

(1)韵母或韵尾是 a、o、e、u 的音节:

nàr(那儿)　gànhuór(干活儿)　làokēr(唠嗑儿)　tuǐdùr(腿肚儿)

(2)韵尾是 i、n 的音节:

yíkuàir(一块儿)　yàopiànr(药片儿)　qìshuǐr(汽水儿)

běibiānr(北边儿)　xiǎopénr(小盆儿)

(3)韵母是单元音 i、ü 的音节:

xiǎoyúr(小鱼儿)　mǐlìr(米粒儿)　xiǎojīr(小鸡儿)

(4)韵母是 -i[ɿ]、-i[ʅ] 的音节:

cír(词儿)　qiēsīr(切丝儿)　guǒzhīr(果汁儿)　zhūshír(猪食儿)

(5)韵尾是 -ng 的音节:

xìshéngr(细绳儿)　xiāngchángr(香肠儿)　ménfèngr(门缝儿)

本课也涉及儿化韵的拼音写法和汉字写法,规则简明,学生易掌握。可提示学生注意,在拼音书写时,儿化韵音节与"儿"字作为独立音节有所不同。儿化韵拼音的写法是在原有的韵母后直接加上 r,如 huār(花儿),汉字的写法则是在词后加上一个"儿"字,但有的词也可以省略不加。所以应提醒学生有些词即使没加"儿"字,口语中也习惯读作儿化韵,如:"小孩、玩、小院、饭馆"。表示地点的"这儿"、"那儿"和表示疑问的"哪儿","儿"字应写出,不可省略。

"汉字知识"与汉字认写

❶ "汉字知识"补充材料

讲解本课的六个偏旁的本义,以及在汉字构成中的位置。具体说明时要注意从所列举的六个偏旁中挑选简单且有代表性的汉字做简要分析。比如"树"、"桌"、"吃"、"告"、"病"、"忙"、"家"、"筷"等。

另外,讲解时可扼要说明这些常见偏旁是如何演变来的,可以选用表示字形变化的图片展示这些偏旁的演变过程以及所蕴含的意义,便于学生在理解中记忆和掌握。教师应示范这些偏旁的笔画写法,指导学生正确书写。

❷ 汉字认写注意事项

可以让学生认写前注意找出包含学过偏旁的汉字。写汉字时注意字形的联系与区别,在田字格中工整书写。

"中华文化知识"补充材料

中国菜系其实不止八种,随着烹饪文化的日益精细化,菜系也在不断涌现。但八大菜系仍有重要地位,因此对其风味还可以进一步详述,对其代表性的菜式,即招牌菜,也最好有一些了解。具体如下:

(一)四川菜系,简称川菜。

特色:以麻辣、鱼香、家常、怪味、酸辣、椒麻、醋椒为主要特点。

代表菜品:鱼香肉丝、麻婆豆腐、宫保鸡丁、樟茶鸭等。

(二)广东菜系,简称粤菜。

特色:以选料广泛,讲究鲜、嫩、爽、滑、浓为主要特点。

代表菜品:脆皮乳猪、古老肉、炖鲍翅、蚝油牛柳、冬瓜盅、文昌鸡等。

(三)山东菜系,简称鲁菜。

特色:选料精细、刀法细腻,注重实惠,花色多样,善用葱姜。

代表菜品:糖醋鱼、锅烧肘子、葱爆羊肉、葱扒海参、锅塌豆腐、红烧海螺等。

(四)江苏菜系,简称苏菜。由淮扬菜、苏州菜、南京菜等组成。

特色:制作精细,因材施艺,四季有别,浓而不腻,味感清鲜,讲究造型。

代表菜品:烤方、淮扬狮子头、叫花鸡、大烧马鞍桥、松鼠桂鱼、盐水鸭等。

（五）浙江菜系，简称浙菜。由杭州、宁波、绍兴三种地方风味发展而成。

特色：讲究刀工，制作精细，选料考究，注重本味。

代表菜品：西湖醋鱼、龙井虾仁、干炸响铃、油焖春笋、西湖莼菜汤等。

（六）福建菜系，简称闽菜。以福州和厦门菜为主要代表。

特色：制作细巧、色调美观、调味清鲜。

代表菜品：佛跳墙、太极明虾、闽生果、烧生糟鸭、梅开二度、雪花鸡等。

（七）安徽菜系，简称徽菜。

特色：以烹制山珍野味著称，擅长烧、炖、蒸，少用爆炒。其烹饪芡大、油重、色浓，朴素实惠。

代表菜品：火腿炖甲鱼、雪冬烧山鸡、符离集烧鸡、蜂窝豆腐、无为熏鸭、徽州臭鳜鱼等。

（八）湖南菜系，简称湘菜。

特色：以熏、蒸、干炒为主，口味重于酸、辣，辣味菜和烟熏腊肉是湘菜的独特风味。

代表菜品：麻辣子鸡、腊味合蒸、东安子鸡、洞庭野鸭、冰糖湘莲、金钱鱼等。

澳门菜：澳门菜和香港、广东地区类似，基本上属于粤菜。在多数澳门人的日常饮食中，饮茶点心、煲仔小菜、老火靓汤、海鲜粥饭等广东饮食占据主要位置。除此之外，澳门的料理文化受葡萄牙影响甚深，葡国菜的重要代表食材"马介休"（腌鳕鱼）也进入澳门菜，产生了一种东西方混合做法的菜式——马介休炒饭。在澳门的家常菜中，有很多类似马介休炒饭这样的"混血菜"，如将猪脚、猪皮、腊肠、云腿及蔬菜分别事先调理，再一起炖两小时，就是俗称"葡式大杂烩"的Tacho。"土生菜"也体现了澳门独有的饮食文化，其来源与葡萄牙的殖民历史背景与航海文化有关。定居澳门的土生葡人拥有非洲人、印度人、东南亚人或华人的血统，他们以葡式烹调为基础，用非洲鸟眼辣椒、咖喱、椰汁等来烹调菜品，配上中国菜的烹调技巧和味道，渐渐发展出不同于葡萄牙而属于澳门的传统葡国菜，如非洲鸡、葡式炒蚬、焗鸭饭、猪扒包等，蛋挞、木糠布丁等来自葡萄牙的传统甜点也被改造得具有本地风味，从而大受欢迎。因此，可以说澳门菜系东西交融，独具特色。

"练习"参考答案

一、朗读普通话声母韵母拼合总表。

本题旨在总体检查学生的语音学习情况。通过检查声母韵母逐个拼合，查出学生在声母或韵母发音上存在的问题，有针对性地加以纠正。另外也通过拼合总表的形式，让学生了解普通话声母韵母的拼合规则，熟悉普通话的所有音节，提示学生注意并非所有的声母和韵母都可以相拼。本题作为检查题，宜让学生先读，老师倾听，发现问题后示范正确的发音。声韵拼合总表较长，宜采取分组朗读、轮读方式完成。

二、朗读下列词语，注意儿化韵的发音。

本题的训练重点是儿化韵的发音，方法是在词语中读出儿化韵。题中的很多儿化韵词语还没有学过，但包括了各种韵尾的儿化韵读音，老师不必解释词义，宜直接领读并播放录音，让学生体会不同韵尾的儿化韵读法。注意结合正确的声调读出儿化韵。

三、听录音，加声调。

bǎ bó bào bān bài
pō pōu páng pèi píng
mù méi miǎo míng mèng
fù fǒu fēi fēn fēng
dú dōu dào diào dūn
tè tuī tiáo tóu tūn
nà nào niǎo nóng nèn
lè lǜ liù lěng liè

四、听录音，画出听到的音节。

1. gě   kě √
2. hòu √   gòu
3. jí   qí √
4. xiān   jiān √
5. zǎo   sǎo √
6. sōu √   zōu
7. suì √   zuì
8. qù   jù √
9. qiú   jiù √
10. huì √   wèi
11. xué √   qué
12. jīng   xíng √

五、听录音，用拼音写出每句中含有儿化韵的词。

1. 我是小学生，我弟弟还是个小孩儿。——xiǎoháir（小孩儿）
2. 我会说一点儿汉语。——yìdiǎnr（一点儿）
3. 请你等一下儿，我马上就来。——yíxiàr（一下儿）
4. 你爸爸在哪儿工作？——nǎr（哪儿）
5. 星期天我想学习，不想玩儿。——wánr（玩儿）

六、朗读下列短语。

本题是词语扩展练习。将本课出现的重点词语扩展为短语，通过朗读的方式让学生进行反复记忆，熟练掌握有关方向、位置的短语和表示存现的含"有"的短语，为进一步扩展造句做准备。

七、用适当的量词或名词填空。

1. 我有一（个）弟弟，没有妹妹。
2. 我爸爸是一位中学（老师）。
3. 他在艺术博物馆门口等一（个）同学。
4. 马路对面有一（个）餐厅。
5. 我家有五（口）人。
6. 听说下周末有一（个）中国画展览，你去吗？

八、替换练习。

本题的重点是强化本课的重点句型。通过同一句型的反复出现，学生可以强化对句型结构形式的记忆，以达到使用时得心应手的效果。可以使用分组答题方式，每组学生轮流进行替换练习问答，确保所有学生都有练习使用重点句型的机会。

九、将下列句子变成否定句。

1. 新口岸没有大学。
2. 晚上没有中国文化讲座。
3. 下周末没有京剧演出。
4. 我们学院没有葡国餐厅。
5. 他们大学食堂没有葡萄牙饭菜。
6. 我没有时间，不能来听下午的讲座。

7. 他和弟弟都不能唱京剧。
8. 我和同学们都不能去看演出。
9. 陈教授不能在家里上网。
10. 他妈妈不能说汉语。

十、用"哪儿"对下列句子提问。

1. 你们学院在哪儿？
2. 明天哪儿有京剧演出？
3. 学生食堂在哪儿？
4. 葡国餐厅在哪儿？
5. 她在哪儿学葡萄牙语？
6. 同学们在哪儿等老师？
7. 哪儿有中国画展览？
8. 你爸爸妈妈都在哪儿？
9. 他在哪儿认识了陈教授？
10. 何爱丽喜欢在哪儿学习？

十一、用适当的汉字填空。

1. 请问，澳门艺术博物馆在哪儿？
2. 餐厅不远，步行两分钟左右。
3. 我有两张京剧票，一起去看吧？
4. 我有课，不能去看京剧，太遗憾了。
5. 澳门理工学院就在新口岸，过了金莲花广场就是。
6. 澳门理工学院离金莲花广场不远，过了马路就是。

十二、完成会话。

1. A：请问，学生食堂在哪儿？
   B：在明德楼一楼。

2. A：周末我打算去看京剧，你去吗？
   B：我没有时间，不能去，太遗憾了。

3. A：你去看足球比赛吗？我有两张票。
   B：太好了，谢谢你！

4. A：新龙餐厅在哪儿？
   B：不远，过马路就是。

5. A：文化中心离这儿不远？
   B：是，步行五分钟左右。

6. A：葡国餐厅也在那儿吗？
   B：不是，那儿没有葡国餐厅，葡国餐厅在新口岸。

十三、使用画线部分模仿下列句子造句。

本题所列出的都是课文中的重点句型，需提示学生仔细观察各句型的语法特点后再做模仿练习。总结讲解时要针对句型难点和学生易犯的错误做进一步的说明。

十四、情景会话。

本题旨在训练学生在设定的生活情景中如何用汉语询问方位、地点，并听懂对方的回答。本练习为课堂练习，进行练习前，老师可先带领学生复习本课出现的相关词语和句式，然后请学生按照每一题的情景设计两人或多人对话，完成交际任务。要注意重点词语、重点句型的使用与操练。参考答案如下：

1. 马修文打算去艺术博物馆，他在问路。
   马修文：请问，去艺术博物馆怎么走？
2. 何爱丽在学校门口问同学学校附近哪儿有餐厅。
   何爱丽：同学，请问，学校附近哪儿有餐厅？
3. 陈教授想知道讲座在几楼。
   陈教授：请问，讲座在几楼？
4. 罗飞龙问老师在哪儿可以上网。
   罗飞龙：老师，请问在哪儿可以上网？
5. 一个游客在理工学院大门口问到金莲花广场怎么走。
   游客：请问，到金莲花广场怎么走？

十五、汉字认写练习。

　　要求学生注意字形的联系与区别，注意汉字的偏旁、笔顺，并在田字格中工整书写。对字形复杂、笔画较多的字要重点示范与讲解。

单元练习二（第5~8课）参考答案

一、听录音，写拼音。

1. pá bǎ běi péi
2. tè de làng lán
3. nèi léi men mèng
4. zǐ jí gào kǎo

二、写出听到的音节。

1. kùnnán   2. fúhào   3. dàifu   4. lǎoshī
5. cánpò   6. qìxī   7. kānshǒu   8. jíshǐ
9. Àomén   10. liǎojiě   11. yīnyǐng   12. línláng
13. nǎolì   14. gùshi

三、听录音，画出听到的词语。

1. zìrán √   jìrán   2. sīrén   shīrén √
3. rìzi   lìzi √   4. hǎo xiǎng   áoxiáng √
5. dùzi √   tùzi   6. lúzi √   lǔzi
7. pāxià √   bāxià   8. jījīn   zījīn √

四、朗读下列含有儿化韵的词语。

　　本题的训练重点是儿化韵的发音，训练学生正确读出含有儿化韵的词语。题中所列儿化韵词语有一些学生没有学过，但包括了各种韵尾的儿化韵读音，老师不必解释词义，宜直接领读并播放录音，让学生体会不同韵尾的儿化韵读法。注意结合正确的声调读出儿化韵。

五、替换练习。

本题的重点是对本单元若干重点句型的训练。选取本单元和第一单元学过的重点词语，置入列出的重点句型，反复替换，使学生强化对句型结构形式的记忆，启发学生回顾和运用更多学过的词语进行替换，以同时达到复习巩固词语的目的。可以使用分组答题方式，每组学生轮流进行替换问答，确保所有学生都有练习使用重点句型的机会。

六、完成会话。

1. A：请问，<u>你爸爸妈妈做什么工作</u>？
   B：我爸爸是<u>律师</u>，妈妈是<u>医生</u>。
   A：我爸爸也是<u>律师</u>，妈妈不是，是<u>护士</u>。
   B：你哥哥和姐姐也工作了吗？他们<u>多大</u>？
   A：是的。我哥哥是<u>工程师</u>，今年<u>三十岁</u>。姐姐今年二十六岁，在<u>小学当老师</u>。你的弟弟、妹妹还没有工作吧？
   B：对，他们都是<u>中学生</u>。我弟弟今年<u>十七岁</u>，妹妹今年十三岁。

2. A：你毕业以后打算做什么工作？
   B：我打算当<u>工程师</u>。<u>你呢</u>？
   A：我想当<u>老师</u>，教<u>中国历史</u>。
   B：不错，中国历史很<u>有意思</u>。

3. A：你们下午要去看展览，<u>几点出发</u>？
   B：我们打算一点半出发。你下午可以<u>和我们一起去吗</u>？
   A：我没有课，我也可以去，不过，我现在想去吃饭，<u>一点四十五分可以吗</u>？
   B：可以啊，那我们差一刻两点出发。在哪儿等你呢？
   A：<u>在食堂门口行吗</u>？
   B：好的，一点四十五，在食堂门口见。

4. A：你知道今天是<u>几月几号星期几</u>吗？
   B：我看一下，啊，<u>今天是八月二十八号星期一。</u>
   A：下个月二号澳门博物馆有个展览，那天是<u>星期几</u>？
   B：星期天。
   A：<u>太好了</u>！我们没有课，可以去看。

七、连词成句。

1. 请问现在几点了？
2. 你要出发了吗？
3. 我很想去葡国餐厅吃饭。
4. 文化中心离理工学院不远。
5. 周五下午你没有课吗？
6. 姐姐在学校大门口等你。/ 你在学校大门口等姐姐。

八、把括号中的词语放入句子的适当位置。

1. 下周六我（打算）去参观澳门博物馆。
2. 请问您早上（一般）几点起床？
3. 下（个）月八号是星期几？
4. 何爱丽觉得京剧的服装（特别）漂亮。
5. 大多数葡萄牙人（都）喜欢足球。
6. 金莲花广场不远，过马路（就）是。

九、选择适当的词语填空。

1. 明天晚上<u>有</u>精彩的京剧节目。（有　在）
2. 我妈妈在小学<u>当</u>老师。（教　当）
3. 两个学生食堂的饭菜<u>都</u>不错。（都　可以）
4. 不能和你一起去，<u>太</u>遗憾了。（太　很）
5. 我有两张京剧票，一起去看<u>吧</u>？（呢　吧）
6. 在澳门<u>哪儿</u>有葡国餐厅？（哪儿　什么）
7. 今天晚上的节目<u>一定</u>很精彩吧？（可以　一定）
8. 图书馆不远，步行两分钟<u>就</u>到。（就　都）

十、用适当的汉字填空。

1. 下午我要上陈<u>教</u>授的课。
2. 明天是<u>周</u>末，没有课。
3. 明天我想七点就起<u>床</u>。
4. 你毕业后打<u>算</u>当医生吗？
5. 小马常常晚上去跑<u>步</u>。

6. 他喜欢参观博物馆。
7. 下课以后，同学们都在上网。
8. 小丽说她听不懂京剧。

十一、用"什么"、"哪儿"或"几"就画线部分提问。

1. 你喜欢什么？不喜欢什么？
2. 今天是几月几号？星期几？
3. 老师和同学一般在哪儿吃饭？
4. 你觉得什么特别好听？
5. 妹妹毕业以后打算做什么（工作）？
6. 你家几口人？你弟弟今年几岁？
7. 安梅兰是俄罗斯人，从哪儿来？
8. 刘玲玲下个月要去哪儿演出？
9. 艺术中心下个月有什么演出？
10. 明天你们几点从哪儿出发？去哪儿？

十二、情景会话。

本题是任务型交际训练，旨在检查学生是否掌握了如何用汉语表达本单元学过的四个功能项目：职业、爱好、约会、问路，能否进行询问和简单介绍。本练习为课堂练习，进行练习前，老师可先带领学生复习本课出现的相关词语和句式，请学生分组讨论，按照每一题给出的情景，列出应该使用的词语和句式。然后请每组学生根据每一题的情景设计多人角色，分配角色进行对话，完成交际任务。要注意提醒学生，会话应结合给出的具体情境，并注意重点词语、重点句型的使用与操练。

十三、听录音，根据拼音，朗读常用课堂用语。

所列出的课堂用语是平时上课时常用语句的汇总。每次上课时老师反复使用，在此集中展示。老师整句讲解句意即可，重在领读，学生跟读，让学生清楚理解平时听到的语句，并在今后的课堂中继续使用，完全掌握。

第九课　澳门的天气怎么样？

教学目的与教学重点

❶ 功能项目（交际话题）

掌握"天气"主题的功能项目，能就各国家、地区、城市及不同季节的天气情况进行比较熟练的交际，能听懂一般的天气预报，并对天气相关的专用词汇有一定的了解。

❷ 重点词语、重点句型

（1）重点词语：

"天气、热、冷、凉爽、潮湿、干燥、下雪、春天、夏天、秋天、冬天"等与天气有关的常用词语，"故宫、长城、颐和园、长江、重庆、武汉、南昌、上海、杭州、'四大火炉'"等专有名词。

（2）用情态动词"会"表示事情发生、实现或存在的可能性。

（3）用疑问代词"怎么样"提问。

（4）用"又……又……"表示并列关系。

（5）用"越来越……"表示程度随着时间发展。

（6）用"比……更……"、"跟……差不多"表示比较。

（7）用"要……了"表示根据情况推断某事即将发生。

（8）用情态动词"应该"表示根据推理认为情况按道理是这样的。

（9）用副词"说不定"表示可能。

❸ 语音

熟练掌握位于句首的叹词"啊"的变调规律，即表达惊异或赞叹的感情时读一声，表示疑问或反问时读二声，表示惊疑时读三声，表示应诺、赞叹或惊异时读四声。

❹ 汉字（汉字知识与汉字认写）

（1）能够熟练、正确地认读并书写本课生字。

（2）了解象形字的基本知识，包括象形字的定义、象形法造字的局限、从字源上了解象形字对掌握现代通用汉字的意义等。

❺ 中华文化知识

了解节气及二十四节气的具体含义，了解二十四节气与中国农历及中国古代农事活动之间的关系。在一般性介绍的基础上，可以选择几个有代表性的节气做重点说明，让学生有更为感性的认识。建议利用影像资料、儿歌民谣等教学素材。

教学步骤

❶ 复习并导入新课

重点检查第二单元（第五课到第八课）的语音、生词、句型、功能的掌握情况，发现问题及时纠正。以提问法、情景设置法等导入新课。

❷ 语音处理

在讲解叹词"啊"的变调规律的基础上进行示范朗读，之后结合具体例句进行模仿训练，让学生体会例句情境与"啊"的声调变化之间的联系。复习巩固环节可以采用提问、对话等方式。

❸ 生词处理

在已布置学生预习的基础上，通过领读、轮读、抽读等方式进一步掌握生词的读音。注意语音纠正，并强化词语扩展练习。

❹ 语法点处理

教师可通过问答、情景引导、句型转换、句子合成等不同方式导入新课的语法点。导入新语法点所使用的例句应具有典型性并贴近日常生活。

在学生理解语法点的意义、掌握语法点的结构和使用条件的基础上，让学生就该语法点进行大量的操练。操练的形式可包含理解性练习、模仿性练习、记忆性练习和交际性练习等。

为便于学生记住并掌握语法点，教师可利用公式、表格、符号等总结归纳出该语法点的结构、语义及使用条件。

❺ 重点词语和句型讲练

（1）讲练"天气、热、冷、凉爽、潮湿、干燥、下雪、春天、夏天、秋天、冬天"等与天气话题有关的常用词语。

（2）讲练"故宫、长城、颐和园、长江、重庆、武汉、南昌、上海、杭州、'四大火炉'"等专有名词。

（3）讲练情态动词"会"、用"怎么样"提问、"又……又……"、"越来越……"、"比……更……"、"跟……差不多"、"要……了"、"应该"、"说不定"等句式。

❻ 课文讲练

可采用多种方式讲解课文,比如图片展示、实物展示、重点词语与重点句型板书、就课文主要内容进行提问等。

注意通过领读、齐读等方式让学生进一步熟悉课文,并能够正确地朗读。注意结合辨音与纠音,尤其是课文中疑问句的读法。

❼ 汉字知识讲解与汉字认写指导

汉字知识扼要讲解即可,重点是通过典型例字突出象形字的造字特点。可根据学生情况适当补充例字。

汉字认写指导应注意结合本课生字中的象形字进行适当提示,使学生不仅能正确地书写,还能够举一反三,进一步加深对象形字结构特点的了解。

❽ 中华文化知识讲解

本课的"二十四节气"介绍颇为详细,并随附了《二十四节气详情表》,信息量已相当大。尽管学生可借助葡文、英文翻译进行阅读,但汉语初学者仍会遇到文化上的理解障碍,因此讲解时应注意说明本部分材料与课文文本之间的关联,并补充一定数量的与节气有关的图片、较为浅显的儿歌民谣等,以帮助学生理解。

❾ 练习指导与检查

无论是课堂练习还是布置学生课下完成的练习,都应进行有针对性的提示和指导。检查可在下次导入新课之前进行,对有普遍性的错误要重点讲解和纠正,并辅以适当的操练。

"词句解释"与"语法"补充材料

❶ 情态动词"会"(二)

"会"表示事情发生、实现或存在的可能性时,已然、未然的情况都可以用。例如:

明天上午我会把最后的方案拿出来。

过去,我是不会同意你们这么做的。

❷ 疑问代词"怎么样"构成的疑问句

"怎么样"主要用来询问人、物的状况或者事情的进展。要注意其简化形式"怎样"。

二者的用法和意义完全相同。

另外，要注意辨析"怎么样（怎样）"与"怎么"语法意义上的区别及提问方式的不同。

❸ "比"字句（一）

讲解过程中应特别注意以下两个问题：

（1）"比"字句的基本结构：A"比"B＋形容词

（2）"比"字句基本结构（A"比"B＋形容词）可在形容词前加副词"更"。要注意加"更"之后"比"字句意义上的变化。"更"的位置是学生容易搞错的，亦应特别予以强调。

"语音知识"补充材料

叹词"啊"的变调

本课所讲的"啊"的变调是基于表达情感的不同，与整个句子的意义有密切的关联，要特别注意与用于句尾的语气词"啊"的音变完全不同。前者是声调的变化，后者则是在语流中受前一音节最后一个因素影响而产生的音变（使"啊"变读为"呀、哇、哪"等）。

"汉字知识"与汉字认写

❶ "汉字知识"补充材料

"象形字"的概念讲解方面，要强调该类汉字大多是独体字，强调象形是汉字造字法的基础。具体说明时要注意列举简单且有代表性的汉字做简要分析，最好能解释一下这些字的字形演变。

关于汉字演变，可参考李乐毅《汉字演变五百例》（第2版，北京语言大学出版社，2014）、《汉字演变五百例续编》（第2版，北京语言大学出版社，2015）及"汉典"网（https://www.zdic.net）。

❷ 汉字认写注意事项

可以让学生认写前注意找出哪些字是象形字。写汉字时注意字形的联系与区别，在田字格中工整书写。

"中华文化知识"补充材料

二十四节气歌二首

（一）

春雨惊春清谷天，夏满芒夏暑相连。
秋处露秋寒霜降，冬雪雪冬小大寒。
每月两节不变更，最多相差一两天。
上半年来六廿一，下半年是八廿三。

（二）

一月小寒接大寒，二月立春雨水连。
惊蛰春分在三月，清明谷雨四月天。
五月立夏和小满，六月芒种夏至连。
七月小暑和大暑，立秋处暑八月间。
九月白露接秋分，寒露霜降十月全。
立冬小雪十一月，大雪冬至迎新年。

"练习"参考答案

一、给下列词语标注拼音。

cháoshī　liángshuǎng　gānzào　chūntiān　qiūtiān
潮湿　　凉爽　　　　干燥　　春天　　秋天

xiàxuě　nuǎnqì　shìnèi　qíshí　qiānwàn
下雪　　暖气　　室内　　其实　　千万

jiānglái　biānshang　búyào　yīnggāi　shíhou
将来　　边上　　　不要　　应该　　时候

zěnmeyàng　chàbuduō　shuōbudìng　shèngdànjié
怎么样　　差不多　　说不定　　　圣诞节

二、朗读下列句子，注意叹词"啊"的读音。

要求学生跟读操练，注意叹词"啊"在各个句子中读音（尤其是声调）的变化，并注意体会句子的意义与"啊"的读音变化之间的联系。

三、听写句子。

1. 请问北京的天气怎么样?
2. 北京的冬天很冷,会下雪。
3. 听说武汉的夏天也很热。
4. 广州的天气跟澳门差不多。

四、熟读下列词语或短语,并选择填空。

又热又潮湿 凉爽多了 很不舒服 有暖气 下雪 太干燥
非常热 越来越冷 千万 越来越热 长江边上 差不多

1. 澳门的夏天又热又潮湿,<u>很不舒服</u>。
2. 广州的冬天跟澳门<u>差不多</u>,不会<u>下雪</u>。
3. 莫斯科的夏天比这里<u>凉爽多了</u>。
4. 中国的"四大火炉"都在<u>长江边上</u>,夏天的天气<u>非常热</u>。
5. 杭州的春天和秋天太美了,但我觉得夏天<u>千万</u>不要去,天气太热了。
6. 北京的冬天室内<u>有暖气</u>,不过我觉得<u>太干燥</u>了。
7. 现在的天气越来越不好,夏天<u>越来越热</u>,冬天<u>越来越冷</u>。

五、替换练习。

本题的重点是强化本课的重点句型。通过同一句型的反复出现,学生可以强化对句型结构形式的记忆,以达到使用时得心应手的效果。可以使用分组答题方式,每组学生轮流进行替换练习问答,确保所有学生都有练习使用重点句型的机会。

六、用"怎么样"对下列句子提问。

1. 澳门的夏天怎么样?
2. 今晚的京剧怎么样?
3. 杭州的冬天怎么样?
4. 罗飞龙足球踢得怎么样?
5. 这个餐厅的中国菜怎么样?
6. 上海的夏天天气怎么样?
7. 下雪以后的故宫和长城怎么样?
8. 北京的冬天怎么样?

七、用适当的汉字填空。

1. 南京的天气<u>跟</u>武汉<u>差</u>不多。
2. 上海和杭州也<u>越</u>来<u>越</u>热了。
3. 莫斯科的夏天<u>比</u>澳门凉爽。
4. 将来说不<u>定</u>要有"六大火炉"了。
5. 广州的冬天不<u>会</u>下雪。
6. 重庆的天气怎么<u>样</u>?
7. 南昌的夏天比澳门<u>更</u>热。
8. 北京的冬天<u>又</u>冷<u>又</u>干燥。

八、完成会话。

1. A:请问,南京冬天的天气怎么样?
   B:<u>南京冬天的天气比较冷,会下雪。</u>

2. A:听说上海的天气也很热。南昌呢?
   B:<u>南昌的天气比上海更热。</u>

3. A:<u>北京的冬天怎么样?</u>
   B:北京的冬天很冷,不过室内有暖气。

4. A:<u>莫斯科的冬天会下雪吗?</u>
   B:莫斯科的冬天会下雪。

5. A:广州什么时候天气最好?
   B:<u>应该是秋天的天气最好。</u>

6. A:莫斯科的夏天怎么样?
   B:<u>莫斯科的夏天比澳门凉爽。</u>

九、使用画线部分模仿下列句子造句。

本题所列出的都是课文中的重点句型,需提示学生仔细观察各句型的语法特点后再做模仿练习。总结讲解时要针对句型难点和学生易犯的错误做进一步的说明。

十、回答问题。

本题的重点是让学生掌握本课重点句型和重点词语的实际运用。问题可以根据学生实际情况回答,也可以根据课文内容或虚拟情境回答。

十一、情景会话。

本课的情景会话练习主要针对天气主题,其中也有与天气有关的旅行等方面的内容。作为课堂练习,要注意提醒学生在会话总体设计的同时,注意重点词语、重点句型的运用。

十二、汉字认写练习。

要求学生注意字形的联系与区别,注意汉字的偏旁、笔顺,并在田字格中工整书写。对字形复杂、笔画较多的字要重点示范与讲解。

第十课 你哪儿不舒服？

教学目的与教学重点

❶ 功能项目（交际话题）

掌握"看病"的功能项目，能就生病、去医院看病等话题进行比较熟练的交际。

❷ 重点词语、重点句型

（1）重点词语：

"脸色、头疼、发烧、感冒、体温、嗓子、发炎、开药、吃药、厉害、严重、大夫"等与生病、看病有关的常用词语，"次、片"等量词，"一会儿、一下、一些"等时量名词或数量组合。

（2）选择疑问句。

（3）用"好像"表示不太肯定的判断。

（4）用"怎么了"表示对负面或意外状况的询问与关切。

（5）用"一……就……"表示一件事紧接另一件事发生，或一件事发生后马上出现某种结果。

（6）用"有（一）点儿"表示程度。

（7）用介词"给"引出接受对象或受益者。

❸ 语音

了解句子的重音（句重音）的含义，掌握句重音的强调作用——通过强调对比，突出语意表达的重点。句重音与句子内容有关，由句子的结构及该词在句子中的位置决定。

❹ 汉字（汉字知识与汉字认写）

（1）能够熟练、正确地认读并书写本课生字。

（2）了解会意字的基本知识，包括会意字的定义、会意法造字的两种方式、会意法造字对合体造字的积极意义、会意字的局限等。

❺ 中华文化知识

了解中医学的学科性质、中医的起源、发展与影响（尤其是对汉字文化圈国家）；了解中药的基本知识，包括中药的性质、分类、疗效及对人类健康事业的贡献。可以结合当今的"保健热"补充说明中医中药的保健作用。建议在一般性介绍的基础上，选择有代表性的影像资料、实物与图片等进一步加深学生的认识，另外可以组织学生参观同仁堂等中医药店。

教学步骤

❶ 复习并导入新课

重点检查前一课的语音、生词、句型、功能的掌握情况,发现问题及时纠正。以提问法、情景设置法等导入新课。

❷ 语音处理

强调重音没有固定的规律,要根据具体的交际情况(包括题旨与语境的需要)而变化。在结合例句讲解句子重音(句重音)的强调类型的基础上进行示范朗读,之后可补充更多例句让学生进行模仿训练。复习巩固环节可以采用提问、对话等方式。

❸ 生词处理

在已布置学生预习的基础上,通过领读、轮读、抽读等方式进一步掌握生词的读音。注意语音纠正,并强化词语扩展练习。

❹ 语法点处理

教师可通过问答、情景引导、句型转换、句子合成等不同方式导入新课的语法点。导入新语法点所使用的例句应具有典型性并贴近日常生活。

在学生理解语法点的意义、掌握语法点的结构和使用条件的基础上,让学生就该语法点进行大量的操练。操练的形式可包含理解性练习、模仿性练习、记忆性练习和交际性练习等。

为便于学生记住并掌握语法点,教师可利用公式、表格、符号等总结归纳出该语法点的结构、语义及使用条件。

❺ 重点词语和句型讲练

(1)讲练"脸色、头疼、发烧、感冒、体温、嗓子、发炎、开药、吃药、厉害、严重、大夫"等与生病、看病有关的常用词语,"次、片"等量词,"一会儿、一下、一些"等时量名词或数量组合。

(2)讲练选择疑问句。注意句型的引入方式和练习方式。注意通过对比的方式让学生体会、掌握选择疑问句语调上的特点。

(3)讲练动量词"次"、"好像"、"怎么了"、"给"、"一……就……"、"有(一)点儿"。

❻ 课文讲练

可采用多种方式讲解课文，比如图片展示、实物展示、重点词语与重点句型板书、就课文主要内容进行提问等。

注意通过领读、齐读等方式让学生进一步熟悉课文，并能够正确地朗读。注意结合辨音与纠音，尤其是课文中疑问句的读法。

❼ 汉字知识讲解与汉字认写指导

汉字知识扼要讲解即可，重点是通过例字突出会意字的造字特点和主要类型。可根据学生情况适当补充例字。

汉字认写指导应注意结合本课生字中的会意字进行适当提示，使学生不仅能正确地书写，还能够举一反三，进一步加深对会意字结构特点的了解。

❽ 中华文化知识讲解

注意说明本部分材料与课文文本之间的关联，使学生对"中医与中药"这一中华传统文化有更充分的了解。注意提示学生对照葡文或英文掌握本部分材料的基本内容。

❾ 练习指导与检查

无论是课堂练习还是布置学生课下完成的练习，都应进行有针对性的提示和指导。检查可在下次导入新课之前进行，对有普遍性的错误要重点讲解和纠正，并辅以适当的操练。

"词句解释"与"语法"补充材料

❶ 选择疑问句

选择疑问句是提出两种以上的看法，希望听话人选择其中之一作为回答。要注意常用的连接词"还是"、"是……还是"等，此外还要特别强调两点：第一，注意句末一定要用问号；第二，当选项比较长时，中间一般可以用逗号隔开，句末再用问号；第三，如果使用语气词，只能用"呢"，不能用"吗"。

❷ 有（一）点儿

讲解时注意强调"有（一）点儿"后要加形容词性结构。表示程度不高，而且多用于不如意的情况（这一点上学生易犯语法错误），可通过例句引导学生反复体会。

另外，应特别注意辨别"有（一）点儿"与"一点儿"在意义和用法上的区别。

❸ 动量词"次"

量词是汉语学习的难点，"次"是最常用的动量词，也是本教程首次出现的动量词，讲解时应结合课文反复练习，最好视学生情况补充一些适当的例句。

"语音知识"补充材料

句子的重音

本课所讲的句子的重音与音变不同，主要是为了突出表达重点，引起听者注意。在意义上，句子的重音常常是强调某种对比。讲解与练习过程中，要注意引导学生体会句子的意义，学会判断句子的重音所在。对于较长的句子，应训练学生把句子划分为意义相对完整的意群，以便更加准确地把握句子的语义重心。

"汉字知识"与汉字认写

❶ "汉字知识"补充材料

"会意字"的概念讲解方面，要强调该类汉字由两个或两个以上（以两个的居多）的部件组成，形式上则有"以形会意"和"以义会意"两种。

另外，应视学生情况补充一些典型的会意字，如"武、信、企、从、众、步、祭、盥"等，以加深学生对会意字的认识。

❷ 汉字认写注意事项

可以让学生认写前注意找出哪些字是会意字。写汉字时注意字形的联系与区别，在田字格中工整书写。

"中华文化知识"补充材料

中医与中药是外国学生最感兴趣的中华传统文化知识点之一，这方面的材料也极为丰富多样。教师在一般性的文字讲解之外，还应对相关的视频、图像材料善加利用，比如纪录片、知识图册等，以便使学生对中医传统、中医理论、中药历史与现状等有一个更为全面、更为感性的认识。对学生特别感兴趣的针灸、中医按摩、中医养生保健等，可采用课堂讨论、影片观摩等形式做进一步拓展。另外，可介绍一些重要的中医中药网站、公众号等，供学有余力的学生参考。

"练习"参考答案

一、给下列词语标注拼音。

hǎoxiàng 好像　　yīxià 一下　　tóuténg 头疼　　sǎngzi 嗓子　　fāshāo 发烧

tǐwēn 体温　　lìhai 厉害　　fāyán 发炎　　gǎnmào 感冒　　yánzhòng 严重

kāiyào 开药　　yīxiē 一些　　sùshè 宿舍　　liǎnsè 脸色　　zhōngwǔ 中午

zěnme le 怎么了　　yīhuìr 一会儿　　yǒudiǎnr 有点儿

二、朗读下列会话，注意句子的重音。

本题的重点是训练学生掌握句子的重音。学生不仅要跟读录音，还要注意体会句意与句重音之间的联系，发音要到位，难点要反复练习。

三、听写句子。

1. 我想中午回宿舍睡一会儿。
2. 你下课后最好去医院看一下。
3. 你嗓子有点儿发炎，应该是感冒了。
4. 我给你开一些药，每天吃两次，每次吃一片。
5. 请问这些药饭前吃还是饭后吃呢？
6. 今天早上一起床我就觉得有点儿头疼。

7. 你的脸色好像不太好。

8. 请你先量一下体温。

四、扩展练习。

1. 一些药
   开一些药
   给你开一些药
   我给你开一些药

2. 嗓子疼
   嗓子有点儿疼
   她嗓子有点儿疼
   她昨天下午嗓子有点儿疼

3. 量体温
   量一下体温
   先量一下体温
   请先量一下体温

4. 头疼
   有点儿头疼
   陈教授有点儿头疼
   听说陈教授有点儿头疼

5. 不太严重
   感冒不太严重
   他的感冒不太严重
   今天他的感冒不太严重

五、熟读下列词语或短语，并选择填空。

不太好　睡一会儿　怎么了　每天吃两次
开了一些药　量一下体温　嗓子发炎　不太严重

1. 你的脸色好像<u>不太好</u>，<u>怎么了</u>？

2. 啊，你发烧了，中午最好睡一会儿。

3. 我早上去了医院，医生说我嗓子发炎，应该是感冒了，不过不太严重。

4. 医生给我开了一些药，我吃了以后好多了。

5. 我先给你量一下体温。

6. 这些药每天吃两次，都是饭后半小时吃。

六、用课文中的词语填空。

1. 我早上有点儿头疼，现在更厉害/严重了。
2. 这两种药都是每天吃三次，每次吃两片。
3. 请问，这种药是饭前吃还是饭后吃？
4. 请张一下嘴，我看看。
5. 你感冒了，不过不太严重。
6. 你嗓子有点儿发炎，应该是感冒了。
7. 我去山顶医院，那儿离学校近。
8. 你早上一起床就觉得不舒服吗？
9. 请先量一下体温。
10. 陈大夫又给我开了一些药。

七、替换练习。

本题的重点是强化本课的重点句型。通过同一句型的反复出现，学生可以强化对句型结构形式的记忆，以达到使用时得心应手的效果。可以使用分组答题方式，每组学生轮流进行替换练习问答，确保所有学生都有练习使用重点句型的机会。

八、用"怎么了"对下列句子提问。

1. 马修文今天早上怎么了？
2. 何爱丽昨天晚上怎么了？
3. 陈教授（嗓子）怎么了？
4. 杨老师怎么了？
5. 罗飞龙怎么了？
6. 她的脸色好像不太好，怎么了？

九、完成会话。

1. A：你哪儿不舒服？
   B：我头疼。

2. A：你嗓子怎么了？
   B：我嗓子有点儿发炎。

3. A：你昨天上午怎么了？
   B：有点儿发烧。

4. A：这些药每天吃几次？每次吃几片？
   B：每天吃两次，每次吃四片。

5. A：请问这种药饭前吃还是饭后吃？
   B：饭后一小时吃。

6. A：你的脸色好像不太好。怎么了？
   B：我感冒了，有点儿发烧。

十、根据课文内容回答问题。

1. 马修文头疼。
2. 马修文去医院了，罗飞龙跟他一起去的。
3. 马修文去了山顶医院，那儿离学校近。
4. 医生说马修文的感冒不太严重。
5. 医生给马修文开了一些药。
6. 医生说这些药饭后半小时吃。

十一、情景会话。

本课的情景会话练习主要针对看病主题，作为课堂练习，要注意提醒学生在结合相关情境进行会话总体设计的同时，注意重点词语、重点句型的运用。

十二、汉字认写练习。

要求学生注意字形的联系与区别,注意汉字的偏旁、笔顺,并在田字格中工整书写。对字形复杂、笔画较多的字要重点示范与讲解。

第十一课 苹果多少钱一斤？

教学目的与教学重点

❶ 功能项目（交际话题）

掌握"购物"的功能项目，能就超市、便利店、百货商场等实体商业业态的购物行为进行比较熟练的交际，并对网络购物话题有一定的了解。

❷ 重点词语、重点句型

（1）重点词语：

"本、盒、罐、包、瓶、斤、块、种、毛"等名量词，"苹果、香蕉、咖啡、牛奶、饼干、巧克力"等食品类名词，"贵、便宜、刷卡、现金、网购、找（钱）、付（钱）、收银员"等与购物有关的常用词。

（2）正反疑问句。

（3）用"该……了"表示理当如此。

（4）钱数的表达。

（5）价格的表达。

（6）用动态助词"了"表示动作完成。

（7）用动词"要"表达想获得某种东西。

❸ 汉字（汉字知识与汉字认写）

（1）能够熟练、正确地认读并书写本课生字。

（2）了解形声字的基本知识，包括形声字的定义、形声字在现代常用汉字中所占比例、形旁与声旁搭配方式的多样性等。注意结合本部分所列形旁与声旁的六种主要搭配方式及典型例字做有针对性的说明。

❹ 中华文化知识

了解网购为何成为中国人新的生活时尚；了解中国购物网站的飞速发展及"双十一"购物节；了解网购商品的多样性及"海淘"（也称"海外购"或跨境电商购物）的流行趋势。可以结合主要购物网站的网络界面、实际的网购演示及学生的网购经历做进一步说明。

> **教学步骤**

❶ 复习并导入新课

　　重点检查前一课的语音、生词、句型、功能的掌握情况，发现问题及时纠正。以提问法、情景设置法等导入新课。

❷ 生词处理

　　在已布置学生预习的基础上，通过领读、轮读、抽读等方式进一步掌握生词的读音。注意语音纠正，并强化词语扩展练习。

❸ 语法点处理

　　教师可通过问答、情景引导、句型转换、句子合成等不同方式导入新课的语法点。导入新语法点所使用的例句应具有典型性并贴近日常生活。

　　在学生理解语法点的意义、掌握语法点的结构和使用条件的基础上，让学生就该语法点进行大量的操练。操练的形式可包含理解性练习、模仿性练习、记忆性练习和交际性练习等。

　　为便于学生记住并掌握语法点，教师可利用公式、表格、符号等总结归纳出该语法点的结构、语义及使用条件。

❹ 重点词语和句型讲练

　　（1）讲练"本、盒、罐、包、瓶、斤、块、种、毛"等名量词，"苹果、香蕉、咖啡、牛奶、饼干、巧克力"等食品类名词及"洗发水"等日用百货类名词。注意重点词语的引入方式和练习方式、练习强度。

　　（2）讲练正反疑问句。注意句型的引入方式和练习方式。注意通过对比的方式让学生体会、掌握正反疑问句语调上的特点。

　　（3）讲练"该……了"、钱数的表达、价钱的表达、表示动作完成的"了"、表达想获得某种东西的动词"要"。

❺ 课文讲练

　　可采用多种方式讲解课文，比如图片展示、实物展示、重点词语与重点句型板书、就课文主要内容进行提问等。

　　注意通过领读、齐读等方式让学生进一步熟悉课文，并能够正确地朗读。注意结合辨音与纠音，尤其是课文中疑问句的读法。

❻ 汉字知识讲解与汉字认写指导

汉字知识扼要讲解即可，重点是通过例字突出形声字的造字特点和主要类型。可根据学生情况适当补充例字。

汉字认写指导应注意结合本课生字中的形声字进行适当提示，使学生不仅能正确地书写，还能够举一反三，进一步加深对形声字结构特点的了解。

❼ 中华文化知识讲解

注意说明本部分材料与课文文本之间的关联，使学生对购物这一功能主题有更充分的了解。注意提示学生对照葡文或英文掌握本部分材料的基本内容。

可以补充说明微信、支付宝等移动支付手段对网上购物的促进作用等。亦可进一步解释年轻人购物观念、购物方式的变化。可以组织学生结合自己的网购经历展开讨论，或者请同学们就"双十一"购物节等进行小范围的网购调查，以便更为直观地了解中国网络购物的情况。还可请学生们比较中国的网络购物与自己国家的网购情况。

❽ 练习指导与检查

无论是课堂练习还是布置学生课下完成的练习，都应进行有针对性的提示和指导。检查可在下次导入新课之前进行，对有普遍性的错误要重点讲解和纠正，并辅以适当的操练。

"词句解释"与"语法"补充材料

❶ 正反疑问句

正反疑问句是用肯定和否定相叠的方式来提问，需做出肯定或否定的回答。正反疑问句的基本格式是"X 不 X"，句末不再用"吗"，可以用语气助词"呢"或"啊"。

正反疑问句分为"一般正反问句"、"用'是不是'的正反问句"、"用'好不好'、'成不成'、'行不行'、'对不对'构成的正反问句"三种类型。讲解时需特别注意，在"一般正反问句"中，"X 不 X"其实代表了六种变化形式：

A. "X……不 X……"（小王知道这件事不知道这件事？）

B. "X 不 X……"（小王知道不知道这件事？）

C. "X……不 X"（小王知道这件事不知道？）

D. "X……不"（小王知道这件事不？）

E. "X 不"（小王知道不？）

F."X 不 X"（小王写得好不好？）

要特别注意用"是不是"的正反疑问句——"是不是"的位置可以有变化，可用在谓语之前，也可用在句首或者句尾。另外，用"好不好"、"成不成"、"行不行"、"对不对"只可放在句尾，不能置于句首或者谓语前。

❷ 101 到 1000 的数字表达

在基本的数词——包括基本的系数词（"一、二、三、四、五、六、七、八、九、十"）和位数词（"个、十、百、千、万、亿"）——的基础上，进一步讲解 101 到 1000 的数字表达法，使学生掌握相关的规律，并通过反复操练达到熟练的程度。

❸ 钱数的表达

讲解过程中应特别注意以下两个问题：

（1）人民币货币单位"元、角、分"之间的换算关系。

（2）人民币货币单位的口语说法"块、毛、分"及其在使用中的省略问题。

❹ 价钱的表达

重点讲解"苹果五块钱一斤"、"巧克力五十块一盒"等句型，使学生熟练掌握并结合课文中的典型句子反复操练。其提问方式"……多少钱一斤/个/盒/……"亦应多加练习，务求切实掌握。

要特别注意价钱表达中量词的正确使用。

❺ 表示动作完成的动态助词"了"

表示动作完成的动态助词"了"是汉语学习的难点之一。讲解时需特别强调"了"的位置（动词后）及功能作用（表达动作的完成），并通过课文和补充例句反复练习。

❻ 动词"要"

讲解时需特别注意作为普通动词的"要"与作为情态动词的"要"的区别，并结合课文中出现的"要"及补充例句做进一步说明。

"汉字知识"与汉字认写

❶ "汉字知识"补充材料

"形声字"的概念讲解方面，要强调该类汉字由两个部件组成，其中一个部件与整字的意义有关联，另一个部件与整字的读音有联系。具体说明时要注意从所列举的六个类型中挑选简单且有代表性的汉字做简要分析，比如"妈、和、药、想、问、近"等。

另外，可就最常见的形旁做补充讲解，以加深学生对形声字的认识。比如单人旁、三点水、木字旁、金字旁、言字旁、口字旁。讲解时可扼要说明这些常见形旁是如何演变来的，以及各个形旁所蕴含的意义，便于学生掌握形声字的字义。

❷ 汉字认写注意事项

可以让学生认写前注意找出哪些字是形声字。写汉字时注意字形的联系与区别，在田字格中工整书写。

"中华文化知识"补充材料

网络购物应当说是近些年出现的新生事物，但其发展之迅猛大大出乎人们的预料。互联网技术的进步，尤其是智能手机的更新换代与移动互联网的飞速发展，使网络购物不仅可与传统的购物形式分庭抗礼，甚至渐呈凌驾其上之势。

就世界范围而言，中国网络购物的发展速度远超一般国家，整体规模已跃居全球第一，而且涌现了淘宝网、天猫网、京东商城等大批网购"巨无霸"。从购物商城的类型来说，既有一开始就专注于网络销售的，如淘宝、京东、当当网等，也有传统商城为网络购物形势所驱而兼做网上销售的，如国美商城之国美在线、苏宁商城之苏宁易购，还有企业自设的网上商城，如苹果公司官方网站之网上商城、华为公司自营之华为商城等。近年来，专门的生活服务类网站也有很大的发展，涵盖了人们日常生活的诸多领域，如餐饮美食、电影购票、酒店预订、旅游机票、家政服务、团购海淘等，美团团购、美团外卖、大众点评、百度糯米、携程网、去哪儿网等吸引了大量的消费者。

网络购物的支付方式也正在发生巨大的变化，传统银行卡支付受到支付宝、微信支付、苹果支付等新的支付形式越来越大的冲击。这些新的支付形式为年轻人所喜闻乐见，银行也不得不酝酿改革以应对网络购物大发展带来的支付形式的变化。

另一方面，网购的飞速发展也引起了一些争议，比如"双十一"网购节等引发的过度消费问题、网络商城的假冒伪劣产品问题、海淘的税负问题、对线下实体店的过度冲击问题，等等。

"练习"参考答案

一、朗读下列句子，注意句子的重音。

本题的重点是训练学生掌握句子的重音。学生不仅要跟读录音，还要注意体会句意与句重音之间的联系，发音要到位，难点要反复练习。

二、熟读下列词或短语。

要求学生跟读操练，注意声调的把握。含有数量词的短语（特别是价格表达）是本题难点，需要重点练习。

三、熟读下列词语，并选择填空。

a. 找　b. 一共　c. 便宜　d. 盒　e. 个
f. 多少　g. 饼干　h. 瓶　i. 方便　j. 罐

1. 一盒巧克力
2. 六包饼干
3. 四罐咖啡
4. 找您七块
5. 上网买东西比去超市方便。
6. 这件衣服太贵了，要是能便宜几块钱就好了。
7. 请给我两瓶葡萄酒。
8. 一共三百二十五块。
9. 何爱丽买了六个苹果。
10. 请问牛奶多少钱一瓶？

四、模仿例子提问并回答。

1. 葡萄酒多少块（钱）一瓶？（回答从略。下同。）
2. 牛奶几块（钱）一瓶？

3. 咖啡多少块（钱）一罐？

4. 洗发水多少块（钱）一瓶？

5. 饼干几块（钱）一包？

6. 巧克力多少块（钱）一盒？

7. 词典多少块（钱）一本？

8. 衣服多少块（钱）一件？

五、连词成句。

1. 张先生买了两盒巧克力。

2. 刘女士很少上网买东西。

3. 陈教授在超市买了三个苹果。

4. 这种香蕉十二块五一斤。

5. 你们下午去不去新澳超市？

六、完成会话。

1. A：明天下午你打算去书店吗？
   B：是的，我要去<u>买一本汉语词典</u>。

2. A：请问这件衣服多少钱？
   B：<u>一百三十块</u>。

3. A：<u>这种葡萄多少钱一斤</u>？
   B：六块八毛五一斤。

4. A：你哥哥喜欢网购吗？
   B：<u>那当然了</u>！他的很多书都是在网上买的。
   A：能请你哥哥给我上网买一本汉语词典吗？
   B：<u>没问题</u>。我今天晚上就告诉他。
   A：谢谢！

七、用"多少钱一斤/瓶/个……"对下列句子提问。

1. 词典多少钱一本？

2. 苹果多少钱一斤？

3. 葡萄酒多少钱一瓶？
4. 咖啡多少钱一罐？
5. 这种巧克力多少钱一盒？
6. 罗飞龙买的香蕉多少钱一斤？
7. 那种巴西葡萄酒多少钱一瓶？
8. 饼干多少钱一包？
9. 弟弟喜欢的那种牛奶多少钱一罐？
10. 衣服多少钱一件？

八、使用画线部分模仿下列句子造句。

本题所列的都是需重点掌握的句型，要提示学生分析句型的语法特点后再做模仿练习。总结讲解时要针对句型难点和学生易犯的错误做进一步的解释。

九、根据课文内容回答问题。

1. 何爱丽和安梅兰下课以后要去超市。
2. 因为新澳超市比百花超市大。
3. 安梅兰在新澳超市买了牛奶、咖啡和饼干，何爱丽买了苹果和葡萄酒。
4. 何爱丽觉得巧克力有点儿贵。
5. 安梅兰没买洗发水，她没带那么多钱。
6. 安梅兰买东西一共二百零三块。她付现金。
7. 收银员找给安梅兰七块钱。
8. 何爱丽觉得上网买东西特别方便。
9. 何爱丽上网买了三件衣服，一共付了三百块钱。
10. 安梅兰可能不知道上网买东西方便又便宜。

十、情景会话。

本课的情景会话练习主要针对购物主题，作为课堂练习，要注意提醒学生会话总体设计要切合具体情境，注意重点词语、重点句型的运用。

十一、口头表达。

本题旨在训练学生掌握与购物主题有关的重点词语、重点句型和会话技巧。另外需提醒学生了解澳门的超市、商场、药店、书店及中国的网络购物等背景知识。

十二、汉字认写练习。

　　要求学生注意字形的联系与区别，注意汉字的偏旁、笔顺，并在田字格中工整书写。对字形复杂、笔画较多的字要重点示范与讲解。

第十二课　你最好办一张银行卡

教学目的与教学重点

❶ 功能项目（交际话题）

　　掌握"去银行开户、办卡、兑换"的功能项目，能就一般性的个人银行业务如开立账户、办理银行卡、存钱、取钱、转账、换钱等进行比较熟练的交际，并掌握相关的常用词语和表达方式。

❷ 重点词语、重点句型

　　（1）重点词语：

　　"银行、账户、存折、银行卡、存钱、取钱、转账、消费、汇率、兑换、表格、护照、签字、美元、欧元、外币、人民币、港币、澳门币"等与银行业务有关的常用词，"需要、帮忙、比较、麻烦、顺便、因为、所以、一点儿、另外、高、低、办、用"等常用词。

　　（2）用动词"麻烦……"礼貌、客气地提要求。

　　（3）用副词"顺便……"表示借着做某事的方便做另一件事。

　　（4）用"比……高/多一点儿"表示比较。

　　（5）用"因为……，所以……"表示因果关系。

　　（6）用情态动词"要"表示按照客观或主观情况应该做某事。

❸ 汉字（汉字知识与汉字认写）

　　（1）能够熟练、正确地认读并书写本课生字。

　　（2）了解有代表性的通用汉语字典与词典；了解有代表性的学生专用汉语学习字典、词典及专业汉语字典、词典；了解查字典有两种基本方法——部首查字法和音序查字法。注意结合字典词典实物进行说明。本课暂不对部首查字法和音序查字法做详细解说。

❹ 中华文化知识

　　了解人民币是中华人民共和国的法定货币；了解人民币的基本计算单位——元、角、分；了解人民币近年来日渐加速的国际化趋势。可以结合相关新闻简要介绍人民币在电子支付方面的巨大进步。

第十二课　你最好办一张银行卡

> **教学步骤**

❶ 复习并导入新课

　　重点检查前一课的生词、句型、功能的掌握情况，发现问题及时纠正。以提问法、情景设置法等导入新课。

❷ 生词处理

　　在已布置学生预习的基础上，通过领读、轮读、抽读等方式进一步掌握生词的读音。注意语音纠正，并强化词语扩展练习。

❸ 语法点处理

　　教师可通过问答、情景引导、句型转换、句子合成等不同方式导入新课的语法点。导入新语法点所使用的例句应具有典型性并贴近日常生活。

　　在学生理解语法点的意义、掌握语法点的结构和使用条件的基础上，让学生就该语法点进行大量的操练。操练的形式可包含理解性练习、模仿性练习、记忆性练习和交际性练习等。

　　为便于学生记住并掌握语法点，教师可利用公式、表格、符号等总结归纳出该语法点的结构、语义及使用条件。

❹ 重点词语和句型讲练

　　（1）讲练"银行、账户、存折、银行卡、存钱、取钱、转账、消费、汇率、兑换、表格、护照、签字、美元、欧元、外币、人民币、港币、澳门币"等与银行业务有关的常用词汇，"需要、帮忙、比较、麻烦、顺便、因为、所以、一点儿、另外、高、低、办、用"等常用词汇。讲练过程中应注意重点词语的引入方式和练习方式、练习强度。

　　（2）讲练"麻烦……"、"顺便……"、"可以……"、"比……高/多一点儿"、"因为……，所以……"、表示"应该"的情态动词"要"等重点句型。

❺ 课文讲练

　　可采用多种方式讲解课文，比如图片展示、实物展示、重点词语与重点句型板书、就课文主要内容进行提问等。

　　注意通过领读、齐读等方式让学生进一步熟悉课文，并能够正确地朗读。注意结合辨音与纠音，尤其是课文中疑问句的读法。

❻ 汉字知识讲解与汉字认写指导

汉字知识扼要讲解即可，重点是通过对权威工具书《新华字典》、《现代汉语词典》等的介绍，使学生对汉语词典有一个基本的了解。另外，可根据学生情况，适当推荐一些适合汉语初学者使用的双语词典（如《现代汉语词典》英汉对照版等）、《现代汉语学习词典》、带有笔画笔顺偏旁的《新华多功能词典》等。

❼ 中华文化知识讲解

注意说明本部分材料与课文文本之间的关联，使学生对"中国的货币"这一文化知识点有更充分的了解。注意提示学生对照葡文或英文掌握本部分材料的基本内容。

❽ 练习指导与检查

无论是课堂练习还是布置学生课下完成的练习，都应进行有针对性的提示和指导。检查可在下次导入新课之前进行，对有普遍性的错误要重点讲解和纠正，并辅以适当的操练。

"词句解释"与"语法"补充材料

❶ 一点儿

"一点儿"的含义不难理解，但在具体使用中常与"有一点儿"混淆。讲解时要注意用典型例句引导学生进行辨析，并反复操练。

"一点儿"不在句首时常常会省略"一"，应明确告诉学生何时可以省略，并以具体例证加深学生印象。

❷ ……"比"……＋形容词＋"多了/一点儿"

此句型比基本的"比"字句（见第九课语法部分）要复杂一些，学生对形容词后表程度的"多了/一点儿"往往把握不好。讲解时一定要强调"多了/一点儿"的正确位置，并通过典型例句及课文中的相关句子反复操练，务求达到熟练的程度。

❸ 情态动词"要"（二）

讲解过程中应特别注意以下两个问题：

（1）情态动词"要"的位置——一定用在动词或形容词之前。这也是学生容易犯语法错误之处。

（2）除了情态动词的一般语法特征之外，还要特别注意辨析情态动词"要（二）"与"要（一）"的区别，在意义上还要阐明情态动词"要（二）"与第十一课语法部分所讲的普通动词"要"的差别，以免学生混淆。

"汉字知识"与汉字认写

❶ "汉字知识"补充材料

本课中的材料是针对纸本字典、词典的。对于越来越流行且日趋实用的电子版词典、App 应用版词典（如《新华字典》App、《现代汉语词典》App 等），包括一些指导学生写汉字的手机软件，教师亦可做补充介绍。

有关查字典的知识，如有学生对此感兴趣，教师也可做一些简单的说明。

❷ 汉字认写注意事项

可以让学生认写前注意找出哪些字是形声字。写汉字时注意字形的联系与区别，在田字格中工整书写。

"中华文化知识"补充材料

本课中华文化知识只是对现今通用的人民币做了一个简单的介绍，讲解过程中除可联系近年来人民币的日趋国际化做进一步说明之外，还可使用一些直观化的教学手段简单介绍人民币之前的中国货币，尤其是中国古代的货币，使学生在了解人民币之外，进一步培养对中国历史、中国文化的兴趣。

"练习"参考答案

一、朗读下列词和短语。

要求学生跟读操练，注意语音语调。与银行业务有关的词汇与短语要重点掌握。

二、朗读下列句子，注意句子的重音。

要求学生跟读操练，注意体会、把握句子的重音，发音要力求准确、到位。发音难点要反复练习。

三、熟读下列词语，并选择填空。

a. 办 b. 顺便 c. 麻烦 d. 兑换 e. 方便 f. 填 g. 消费

1. 银行卡比存折<u>方便</u>，可以在ATM上存钱、取钱，还可以<u>消费</u>。
2. <u>麻烦</u>您<u>填</u>一下这两张表格，还要在上面签字。
3. 请问在哪儿<u>办</u>银行卡？
4. 你去银行取钱的时候<u>顺便</u>问一下怎么转账。
5. 现在美元<u>兑换</u>人民币的汇率是多少？

四、用适当的汉字填空。

1. 我想<u>开</u>一个外币账户。
2. 麻烦您<u>填</u>一下这张表格。
3. 您要<u>办</u>存折还是银行卡？
4. 今天的汇率是一百美元<u>兑换</u>七百八十块港币。
5. 我有三百欧元，都换<u>成</u>人民币。
6. 您还可以<u>用</u>它网购、买票什么的。
7. 请您<u>在</u>这儿签字。
8. 银行卡比存折方便<u>多</u>了。

五、连词成句。

1. 请给我看一下您的护照。
2. 银行卡比存折方便多了。
3. 今天的汇率是一百美元换八百澳门币。
4. 您要办存折还是银行卡？
5. 可以用银行卡在ATM上取钱。
6. 还要麻烦您在这里签字。
7. 听说今天的汇率比昨天高一点儿。

六、使用画线部分模仿下列句子造句。

本题所列都是课文中的重点句型，需提示学生仔细观察句型的语法特点后再做模仿练习。总结讲解时要针对句型难点和学生易犯的错误做进一步的说明。

七、用"可以"对下列句子提问。

1. 用银行卡可以在 ATM 上取钱吗？
2. 用手机可以上网买东西吗？
3. 用电脑可以看节目吗？
4. 下课后我们可以一起去踢足球吗？
5. 我可以用英语唱京剧吗？
6. 我们可以用欧元和美元换人民币吗？
7. 每个同学都可以开人民币和外币两个账户吗？

八、根据课文内容回答问题。

1. 罗飞龙去银行开银行账户。
2. 办银行卡要带护照。
3. 因为可以自己用银行卡在 ATM 上存钱、取钱，还可以消费。
4. 罗飞龙开了澳门币、港币和外币三个账户。
5. 罗飞龙在银行换钱了。他换了两百欧元和一千美元。
6. 今天澳门币换人民币的汇率比昨天低一点儿，欧元换澳门币比昨天高一点儿。

九、完成会话。

1. A：您好！我想用欧元换港币。
   B：请问您换多少？
   A：1000 欧元。
   B：好。这是今天欧元兑换港币的汇率，可以吗？
   A：可以。
   B：给您钱／这是您的港币。再见！

2. A：您好！麻烦您办一张银行卡。
   B：请给我看一下您的护照。
   A：这是我的护照。

B：请您填一下这张表格，还要在这张表格上签字。
A：好的。
B：您还有别的事要办吗？
A：没有了，谢谢！请问什么时候可以来取银行卡？
B：两个星期以后。再见！

十、情景会话。

本课的情景会话练习主要针对银行主题，其中包括开立账户、办银行卡、货币兑换等功能项目。作为课堂练习，要注意提醒学生结合具体情境进行会话总体设计，并注意重点词语、重点句型的使用与操练。

十一、交际练习。

本题旨在训练学生掌握与银行主题（包括开立账户、办银行卡、货币兑换等功能项目）有关的重点词语、重点句型和会话技巧。另外需提醒学生了解澳门的银行业务、货币兑换业务、ATM机以及学生所在国银行方面的背景知识。

十二、阅读短文，复述主要内容。

本题旨在训练学生银行主题短文的阅读与理解能力。重点是银行卡的功能及支付宝、微信等新兴支付手段对银行卡的冲击。复述时要求把握内容要点、重点词语和重点句型。

十三、用学过的汉字写一段话。

要求学生就业余爱好、看病经历、介绍朋友三项择一作答，注意使用已经学过的汉字。要求结构完整，用词准确，语法、书写正确。

十四、汉字认写练习。

要求学生注意字形的联系与区别，注意汉字的偏旁、笔顺，并在田字格中工整书写。对字形复杂、笔画较多的字要重点示范与讲解。

单元练习三（第9～12课）参考答案

一、给下列词语标注拼音。

qiānwàn	hǎoxiàng	yīgòng	bǐjiào	qíshí	lìhai
千万	好像	一共	比较	其实	厉害

shùnbiàn	shuōbudìng	yánzhòng	yīnwèi	chàbuduō
顺便	说不定	严重	因为	差不多

lìngwài	zěnmeyàng	shìnèi	xiàxuě	fāyán	sùshè
另外	怎么样	室内	下雪	发炎	宿舍

wǎnggòu	niúnǎi	xǐ fàshuǐ	cídiǎn	biǎogé	hùzhào
网购	牛奶	洗发水	词典	表格	护照

xūyào	wàibì	qiānzì	duìhuàn	máfan	yínhángkǎ
需要	外币	签字	兑换	麻烦	银行卡

二、朗读下列句子，注意句子的重音。

本题的重点是训练学生掌握句子的重音。学生不仅要跟录音模仿练习，还要注意体会句意与句重音之间的联系，难点要反复练习，发音要准确、到位。

三、听写句子。

1. 听说南昌的夏天也特别热。
2. 请问莫斯科的天气怎么样？
3. 刘老师早上一起床就觉得有点儿头疼。
4. 下课后我要去超市，你去不去？
5. 这种巧克力不太贵，你们买不买？
6. 顺便问一下，现在美元兑换人民币的汇率是多少？
7. 您可以用银行卡转账，也可以用它买东西。
8. 安梅兰上网买了七件衣服，每件都很漂亮。

四、选词填空。

好像 顺便 不过 在 罐 多 应该 跟 比 兑换

1. 请问牛奶多少钱一<u>罐</u>？

2. 我觉得上网买东西<u>比</u>去超市更便宜。
3. 银行卡比存折方便<u>多</u>了。
4. 你去银行存钱的时候<u>顺便</u>问一下今天的汇率。
5. 昨天的汇率是一百美元<u>兑换</u>七百六十九港币。
6. 广州的天气<u>跟</u>澳门差不多,冬天不冷。
7. 澳门的夏天又热又潮湿,<u>不过</u>秋天很舒服。
8. 姐姐的脸色<u>好像</u>很不好,她怎么了?
9. 你的嗓子有点儿发炎,<u>应该</u>是感冒了。
10. 麻烦您<u>在</u>这张表格上签字。

五、用课文中的词语填空。

1. 我打算<u>开</u>一个澳门币账户。
2. 您还<u>可</u>以用它买票、网购什么的。
3. 我想去镜湖医院,那儿<u>离</u>学院最近。
4. 大夫,这种药是饭前吃<u>还</u>是饭后吃?
5. 澳门的冬天不<u>会</u>下雪。
6. 南京的夏天比广州<u>更</u>热。
7. 陈教授昨天买<u>了</u>三本葡萄牙语词典。
8. 请问这<u>件</u>衣服多少钱?
9. 下雪以后的故宫和长城<u>都</u>非常漂亮。
10. 医生说这种药每天吃三<u>次</u>,每次吃四片。

六、使用画线部分模仿下列句子造句。

本题所列都是本单元的重点句型,需提示学生仔细观察各句型的语法特点后再做模仿练习。总结讲解时要针对句型难点和学生易犯的错误做进一步的说明。

七、连词成句。

1. 昨天的汇率是一百欧元换七百八十元人民币。
2. 杨老师觉得银行卡比存折更方便。
3. 王医生今天上午又给我开了一些药。
4. 他早上一起床就有点儿头疼。
5. 罗教授在百花超市买了五罐咖啡。
6. 这种苹果十三块二一斤。

7. 北京的冬天又冷又干燥。

8. 听说莫斯科的夏天比澳门凉爽多了。

八、完成会话。

1. A：你觉得广州什么时候天气最好？
   B：<u>我觉得广州的秋天最好。</u>
   A：杭州的夏天怎么样？
   B：<u>杭州的夏天越来越热了。</u>

2. A：<u>你哪儿不舒服？</u>
   B：有点儿发烧。
   A：<u>量体温了吗？多少度？</u>
   B：三十九度。
   A：我给你开一些药吧。
   B：<u>这些药什么时候吃？吃几次？</u>
   A：饭后半个小时吃，每天吃三次，每次吃两片。

3. A：明天下午你打算去书店吗？
   B：是的，我要去<u>买一本汉语词典。</u>
   A：<u>我也想去书店买一本书。我们一起去吧？</u>
   B：好的，我们明天下午下课后一起去。

4. A：您好！我想用美元换人民币。
   B：<u>您要换多少美元？</u>
   A：1200美元。
   B：好。这是今天美元兑换人民币的汇率，可以吗？
   A：<u>可以。</u>
   B：<u>给您人民币。</u>再见！

九、情景会话。

本单元练习的情景会话练习分别针对天气、看病、购物、银行四个功能主题，要提醒学生会话总体设计应适合具体的情境，注意重点词语、重点句型的运用。

十、交际练习。

　　本单元的交际练习旨在训练学生掌握与网络购物、超市购物、书店、银行有关的重点词语、重点句型和会话技巧。交际练习前需提醒学生了解相关的背景知识，练习过程中要注意纠音。

十一、用学过的汉字写一段话。（任选一个主题，不少于180字）

　　要求学生就所列四个题目择一作答，注意使用已经学过的汉字。要求结构完整，用词准确，语法、书写正确。

普通话声韵调配合表

表1　开口呼拼音表（没有韵头、韵腹也不是i、u、ü的音节）

		∅	b	p	m	f	d	t	n	l	g	k	h	zh	ch	sh	r	z	c	s
a	ˉ	啊	八	趴	妈	发	搭	他	那	拉	旮	咖	哈	扎	叉	沙		咂	擦	撒
	ˊ	啊	拔	爬	麻	罚	达		拿	旯	杂		虾	闸	茶	啥		杂		
	ˇ	啊	把		马	法	打	塔	哪	喇	玍	卡	奤	眨	镲	傻		咋	礤	洒
	ˋ	啊	爸	怕	骂	发	大	踏	那	辣	尬		哈	诈	岔	厦				萨
o	ˉ	喔	玻	坡	摸															
	ˊ	哦	脖	婆	模	佛														
	ˇ	嚄	跛	叵	抹															
	ˋ	哦	檗	破	末															
e	ˉ	屙					嘚			肋	哥	科	喝	遮	车	奢				
	ˊ	俄					德		哪		阁	咳	禾	哲		蛇		则		
	ˇ	恶									葛	可		者	扯	舍	惹			
	ˋ	饿					嘚	特	讷	乐	各	课	贺	这	彻	射	热	仄	侧	色
ai	ˉ	哀	掰	拍			呆	胎			该	开	嗨	摘	拆	筛		灾	猜	腮
	ˊ	皑	白	排	埋			台		来			孩	宅	柴				才	
	ˇ	蔼	摆	排	买		歹		乃		改	楷	海	窄		色		宰	采	
	ˋ	爱	败	派	卖		代	太	奈	赖	盖	忾	害	债	瘥	晒		再	菜	赛
ei	ˉ	欸	卑	胚		非	嘚			勒			黑							
	ˊ	诶		培	眉	肥				雷							谁		贼	
	ˇ		北		美	匪	得		馁	蕾	给									
	ˋ		贝	配	妹	肺			内	类									甀	
ao	ˉ	凹	包	抛	猫		刀	滔	孬	捞	羔	尻	蒿	招	抄	稍		糟	操	骚
	ˊ	敖	薄	袍	毛			桃	挠	劳			豪	着	朝	勺	饶	凿	曹	
	ˇ	袄	保	跑	卯		岛	讨	脑	老	稿	考	好	找	吵	少	扰	早	草	扫
	ˋ	傲	抱	炮	帽		到	套	闹	烙	告	靠	浩	召		绍	绕	造	肏	臊

（续表）

		∅	b	p	m	f	d	t	n	l	g	k	h	zh	ch	sh	r	z	c	s
ou	-	欧	剖	哞			都	偷		搂	勾	抠	齁	州	抽	收		邹		搜
	´				谋			头		楼			侯	轴	酬	熟	柔			
	ˇ	偶			某	否	斗	敨		篓	狗	口	吼	帚	丑	手		走		叟
	ˋ	怄					豆	透	耨	漏	够	扣	后	纣	臭	受	肉	奏	凑	嗽
an	-	安	般	潘	颠	番	单	摊	囡		干	刊	憨	占	搀	山		簪	参	三
	´			盘	馒	凡		谈	南	兰			含		蝉		然	咱	残	
	ˇ	俺	板		满	反	胆	毯	赧	懒	赶	砍	罕	展	产	闪	冉	攒	惨	散
	ˋ	岸	半	判	慢	饭	旦	探	难	滥	旰	看	汗	站	忏	扇		赞	灿	散
en	-	恩	奔	喷	闷	分					根			珍	嗔	申		参		森
	´			盆	门	汾							痕	陈	神		人		岑	
	ˇ		本			粉					艮	肯	很	枕	碜	审	忍	怎		
	ˋ	摁	笨	喷	焖	愤			嫩		亘	裉	恨	振	趁	甚	刃	潛		
ang	-	肮	帮	乓	忙	方	当	汤	囔	啷	冈	康	夯	章	昌	伤	嚷	脏	仓	桑
	´	昂		旁	忙	房		唐	囊	狼			扛	杭	常		瓤		藏	
	ˇ		榜	嗙	莽	仿	党	躺	曩	朗	港			长	敞	赏	壤	驵		嗓
	ˋ	盎	棒	胖		放	荡	烫	齉	浪	杠	亢	沆	丈	唱	尚	让	葬		丧
eng	-	鞥	崩	烹	蒙	蜂	登	鼟		啷	庚	坑	亨	征	称	升	扔	增	噌	僧
	´		甭	朋	虹	冯		疼	能	楞			恒		成	绳	仍		层	
	ˇ		绷	捧	猛	讽	等			冷	梗			整	逞	省				
	ˋ		泵	碰	孟	凤	瞪			愣	更		横	正	秤	胜		赠	蹭	
er	-																			
	´	儿																		
	ˇ	耳																		
	ˋ	二																		
-i [ɿ] [ʅ]	-													之	吃	师		资	疵	私
	´													直	池	时			祠	
	ˇ													止	耻	史		子	此	死
	ˋ													志	翅	是	日	字	次	四

表2　齐齿呼拼音表（以 i 为韵头或韵腹的音节）

		∅	b	p	m	f	d	t	n	l	j	q	x
i	ˉ	衣	逼	批	咪		低	梯	妮	哩	肌	七	希
	ˊ	移	鼻	皮	迷		敌	提	尼	离	及	其	习
	ˇ	以	比	匹	米		底	体	你	里	己	起	喜
	ˋ	易	必	屁	蜜		弟	悌	逆	利	季	气	系
ia	ˉ	鸦									加	掐	瞎
	ˊ	牙									夹	拤	侠
	ˇ	哑								俩	假	卡	
	ˋ	娅									嫁	恰	夏
ie	ˉ	耶	憋	撇	乜		爹	贴	捏	咧	街	切	些
	ˊ	爷	别					碟		茶	洁	茄	鞋
	ˇ	也	瘪	撇				铁		咧	姐	且	写
	ˋ	夜	别	嫳	灭			餮	聂	列	介	怯	械
iao	ˉ	夭	标	漂	喵		刁	挑		撩	交	敲	消
	ˊ	摇		瓢	苗			条		聊	嚼	乔	淆
	ˇ	咬	表	殍	渺			窕	鸟	了	脚	巧	小
	ˋ	要	鳔	票	妙		吊	跳	尿	廖	较	鞘	校
iou	ˉ	悠						丢		妞	溜	纠	丘	休
	ˊ	由								牛	流		求	
	ˇ	有								忸	柳	久	糗	朽
	ˋ	又			谬					拗	遛	疚		秀
ian	ˉ	烟	边	偏			颠	添	蔫		肩	铅	仙
	ˊ	延		骈	眠			田	年	连		前	弦
	ˇ	眼	扁	谝	勉		典	舔	碾	脸	拣	遣	险
	ˋ	燕	变	片	面		店	掭	念	练	件	欠	现
in	ˉ	因	宾	拼						拎	今	侵	欣
	ˊ	银		贫	民				您	林		琴	镡
	ˇ	引		品	敏					凛	谨	寝	伈
	ˋ	印	鬓	聘						吝	近	沁	信

（续表）

		∅	b	p	m	f	d	t	n	l	j	q	x
iang	-	央							娘	良	江	羌	香
	ˊ	羊							娘	良		强	祥
	ˇ	仰								两	讲	抢	享
	ˋ	样							酿	亮	降	呛	向
ing	-	英	冰	乒			丁	听			京	轻	兴
	ˊ	迎		平	明		廷		宁	伶	情		形
	ˇ	影	丙		酩		顶	挺	拧	领	景	请	醒
	ˋ	应	并		命		定	挺	佞	另	竟	庆	幸

表3　合口呼拼音表（以 u 为韵头或韵腹的音节）

		∅	b	p	m	f	d	t	n	l	g	k	h	zh	ch	sh	r	z	c	s
u	-	屋	逋	铺		夫	都	秃		噜	姑	枯	乎	朱	初	舒		租	粗	苏
	ˊ	吾		匍	模	扶	独	途	奴	庐			胡	竹	除	熟	如	足	徂	俗
	ˇ	午	补	普	母	府	堵	土	努	鲁	古	苦	虎	主	楚	黍	乳	阻		
	ˋ	误	布	铺	墓	付	杜	兔	怒	路	故	库	户	住	处	树	入		醋	素
ua	-	蛙									瓜	夸	花	抓	欻	刷				
	ˊ	娃											华							
	ˇ	瓦									寡	侉		爪		耍				
	ˋ	袜									挂	胯	化							
uo	-	窝					多	托		啰	郭		豁	捉	戳	说		作	磋	唆
	ˊ						夺	驼	挪	螺	国		活		浊			捽	昨	矬
	ˇ	我					朵	妥		裸	果		火					左	脞	锁
	ˋ	卧					舵	拓	诺	洛	过	阔	或		绰	硕	若	坐	错	
uai	-	歪									乖			拽	搋	衰				
	ˊ												徊							
	ˇ	崴									拐	蒯			跩	甩				
	ˋ	外									怪	快	坏	拽	踹	帅				

(续表)

		∅	b	p	m	f	d	t	n	l	g	k	h	zh	ch	sh	r	z	c	s
uei	ˉ	威					堆	推			归	亏	灰	追	吹			胶	崔	虽
	ˊ	韦						颓				葵	回	垂	谁	狨				随
	ˇ	伟						腿			轨	傀	毁			水	蕊	嘴	璀	髓
	ˋ	未					对	退			桂	愧	会	缀		税	锐	罪	粹	岁
uan	ˉ	蜿					端	湍			官	宽	欢	专	川	拴		钻	撺	酸
	ˊ	玩						团					还		船				攒	
	ˇ	晚					短	疃	暖	卵	管	款	缓	转	喘	软		纂		
	ˋ	万					段	彖		乱	灌		幻	赚	串	涮		钻	篡	算
uen	ˉ	温					敦	吞		抡		昆	昏	谆	春			尊	村	孙
	ˊ	文						屯		伦			魂		唇				存	
	ˇ	稳					盹			抡	滚	捆		准	蠢	吮		撙	忖	笋
	ˋ	问					遁	褪		论	棍	困	混			舜	闰	焌	寸	
uang	ˉ	汪									光	筐	荒	庄	窗	双				
	ˊ	王										狂	皇		床					
	ˇ	往									广	夼	恍	奘	闯	爽				
	ˋ	望									逛	况	晃	壮	创					
ueng	ˉ	翁																		
	ˊ																			
	ˇ	蓊																		
	ˋ	瓮																		
ong	ˉ						冬	通		隆	工	空	烘	钟	充			宗	囱	松
	ˊ							同	农	龙			红		虫		戎		从	厐
	ˇ						董	统		拢	拱	孔	哄	肿	宠			冗	总	悚
	ˋ						洞	痛	弄	哢	共	控	讧	重	冲			纵		送

表4 撮口呼拼音表（以 ü 为韵头或韵腹的音节）

		∅	n	l	j	q	x
ü	-	迂			居	区	虚
	´	于		驴	局	渠	徐
	ˇ	羽	女	吕	举	取	许
	`	遇	衄	律	巨	去	序
üe	-	曰			噘	缺	靴
	´				决	瘸	学
	ˇ	哕			蹶		雪
	`	阅	虐	略	倔	却	血
üan	-	冤			捐	圈	宣
	´	元				拳	玄
	ˇ	远			卷	犬	选
	`	院			倦	券	炫
ün	-	晕			均	逡	熏
	´	云				群	循
	ˇ	允					
	`	运			俊		训
iong	-	庸			坰		凶
	´	喁				穷	熊
	ˇ	永			冏		
	`	用					敻

参考书目

语言类：

陈治文 2013《汉字》，北京：商务印书馆。

崔永华、杨寄洲 1997《对外汉语课堂教学技巧》，北京：北京语言文化大学出版社。

房玉清 2008《实用汉语语法》（第二次修订本），北京：北京语言文化大学出版社。

冯胜利、施春宏 2015《三一语法：结构·功能·语境——初中级汉语语法点教学指南》，北京：北京大学出版社。

黄伯荣、李炜 2014《现代汉语简明教程》，香港：三联书店（香港）有限公司。

黄伯荣、廖序东 2017《现代汉语》（增订六版），北京：高等教育出版社。

孔子学院总部/国家汉办 2014《国际汉语教学通用课程大纲》，北京：北京语言大学出版社。

李乐毅 2014《汉字演变五百例》（第二版），北京：北京语言大学出版社。

李乐毅 2015《汉字演变五百例续编》（第二版），北京：北京语言大学出版社。

李晓琪 2005《现代汉语虚词讲义》，北京：北京大学出版社。

林焘、王理嘉 2013《语音学教程》，北京：北京大学出版社。

刘广徽 1997《汉语普通话教程·语音课本》，北京：北京语言文化大学出版社。

刘珣 2000《对外汉语教育学引论》，北京：北京语言文化大学出版社。

刘月华、潘文娱、故韡 2001《实用现代汉语语法》（增订本），北京：商务印书馆。

卢福波 2011《对外汉语教学实用语法》（修订本），北京：北京语言大学出版社。

陆俭明 2012《现代汉语》，北京：北京师范大学出版社。

吕必松 2007《汉语和汉语作为第二语言教学》，北京：北京大学出版社。

吕文华 2014《对外汉语教学语法讲义》，北京：北京大学出版社。

Peter Ladefoged 著，张维佳译 2011《语音学教程》（第五版），北京：北京大学出版社。

齐沪扬 2007《现代汉语》，北京：商务印书馆。

齐沪扬 2016《对外汉语教学语法》，上海：复旦大学出版社。

裘锡圭 2013《文字学概要》（修订本），北京：商务印书馆。

邵敬敏 2016《现代汉语通论》（第三版），上海：上海教育出版社。

沈阳、郭锐 2014《现代汉语》，北京：高等教育出版社。

周小兵 2007《外国人学汉语语法偏误研究》，北京：北京语言大学出版社。

周小兵 2009《对外汉语教学导论》，北京：商务印书馆。

周小兵 2009《对外汉语教学入门》(第二版),广州:中山大学出版社。
"汉典"网:https://www.zdic.net

文化类:

陈长文 2012《中国八大菜系》,长春:吉林文史出版社。

陈可冀、张介眉 2017《兵学与中医学》,北京:中国中医药出版社。

陈文英、汪毅 2013《广场舞》,武汉:湖北科学技术出版社。

范曾 2018《范曾说十二生肖》,北京:商务印书馆。

胡士云 2007《汉语亲属称谓研究》,北京:商务印书馆。

黄璐 2018《网络经济中的消费行为:发展、演化与企业对策》,成都:四川大学出版社。

李光斗 2017《互联网下半场》,北京:中国人民大学出版社。

李婧 2014《人民币国际化研究》,北京:首都经济贸易大学出版社。

彭信威 2015《中国货币史》,上海:上海人民出版社。

邱丙军 2018《中国人的二十四节气》,北京:化学工业出版社,2018。

曲黎敏 2006《中医与传统文化》,北京:人民卫生出版社。

三浦展著,马奈译 2014《第四消费时代》,北京:东方出版社。

宋敏等 2011《走向全球第三大货币:人民币国际化问题研究》,北京:北京大学出版社。

宋英杰 2017《二十四节气志》,北京:中信出版集团。

孙宏开、胡增益、黄行 2007《中国的语言》,北京:商务印书馆。

王大刚、马宁、杨晓敏 2010《中国的亲属称呼》(汉语篇),长春:吉林教育出版社。

徐城北 2010《中国京剧》,北京:五洲传播出版社。

许祥麟等 2003《京剧剧目概览》,天津:天津古籍出版社。

尹黎云 1993《中国人的姓名与命名艺术》,北京:中央民族学院出版社。

余世存 2017《时间之书:余世存说二十四节气》,北京:中国友谊出版公司。

张皓 2001《十二生肖》,武汉:湖北教育出版社。

张联芳 1992《中国人的姓名》,北京:中国社会科学出版社。

张玉金、夏中华 2001《汉字学概论》,南宁:广西教育出版社。

郑昌江 1992《中国菜系及其比较》,北京:中国财政经济出版社。

中国人民大学国际货币研究所 2018《人民币国际化报告 2018》,北京:中国人民大学出版社。

图书在版编目(CIP)数据

国际汉语教程.初级篇.上册.教师手册:汉、葡、英/李向玉主编.—北京:商务印书馆,2021
ISBN 978-7-100-19143-2

Ⅰ.①国… Ⅱ.①李… Ⅲ.①汉语—对外汉语教学—教学参考资料 Ⅳ.①H195.4

中国版本图书馆CIP数据核字(2020)第184588号

权利保留,侵权必究。

国际汉语教程·初级篇
(上册)
教师手册
李向玉 主编

商 务 印 书 馆 出 版
(北京王府井大街36号 邮政编码100710)
商 务 印 书 馆 发 行
北京虎彩文化传播有限公司印刷
ISBN 978-7-100-19143-2

2021年1月第1版　开本889×1194　1/16
2021年1月北京第1次印刷　印张11¼
定价:92.00元